얼굴을 보고
사람을 아는 법

생활 처세 비법

이정환 지음

창작시대사

시작하면서

얼굴의 비밀을 알면 사람이 보인다

이른바 동양철학의 범주에 속하는 역술(易術) 분야에는 손바닥의 무늬를 보고 운세를 판단하는 수상학(手相學), 체형을 보고 성격이나 운세를 판단하는 골상학(骨相學) 또는 체형학, 발바닥의 무늬로 운세를 판단하는 족상학(足相學), 요즘에 와서 동양권에서 활발한 발전을 보이고 있는 모상학(毛相學), 그리고 사람의 얼굴을 보고 운세와 성격을 판단하는 인상학(人相學) 등이 있는데, 이것들은 직접 눈으로 보고 판단하는 분야에 속한다.

또한 이론에 근거를 두고 수리적 개념과 동양사상을 활용하여 그 해의 운세는 물론 평생의 운세까지 짐작할 수 있는 사주학(四柱學)이 있다. 사주학은 사주추명학 또는 사주운명학이라고도 부르는데, 동양철학의 기본을 이루고 있는 음양오행사상을 그대로 활용한 지고의 학문이라고 말할 수 있다.

물론 단편적으로 볼 때 수상이나 족상, 인상학 등은 따로따로 하나의 분야를 이루고 있는 역학이기는 하지만, 사실 사람의 운세를 감정할 때는 단편적 감정보다는 모든 학문을 종합·분석해서 적절한 해답을 찾는 것이 무엇보다 중요하다.

인상만 보고 사주를 무시하거나 사주만 보고 인상을 무시하면 70퍼센트 이상의 적중률을 갖추기는 힘든 것이다. 사주에서 핵심적인 부분은 운세판단, 인상에서는 성격과 감정판단, 수상에서는 두뇌활동과 건강 상태의 판단 등 각각의 분야에서 다루는 주된 개념이 약간씩 다르기 때문이다.

그러나 이 책에서는 전문적인 분야의 이론이나 실체에 접근하기 전에 누구나 쉽게 판별할 수 있고 대인관계에서 가장 널리 이용할 수 있는 실질적인 분야, 즉 인상학을 쉽게 풀어놓은 것으로, 독자 여러분들이 동양철학에 편안히 다가갈 수 있도록 최선을 다해 꾸며 보았다.

어떤 사람은 역술이라는 말을 꺼내면 곧바로 점쟁이들의 점술을 연상하는데, 물론 그렇지 않다고 반증하고 싶은 생각은 없지만 그렇다고 해서 반드시 그런 쪽으로만 이용된다고 수긍할 수도 없는 것이다.

동양철학의 기조를 이루고 있는 음양오행사상은 한의학의 사상의학, 종교에서의 태극사상, 윤리철학의 기초, 그리고 역술 분야라는 식으로 광범위하게 분포되어 있는 것이며, 이것을 터득하고 이용하기 위해서는 지금 열거한 모든 분야의 지식을 기본적으로 갖추어야 하는 것이 당연한 일이다.

사람의 생노병사는 물론 건강과 신에게의 귀의에 이르기까지 폭넓게 분포되어 있는 음양오행사상의 체계적인 이론과 실체에 대해서는 다음 기회에 좀 더 자세히 다루기로 하고, 여기에서는 그 중의 한 분야인 인상학의 응용 분야를 중점적으로 다루었으니 독자 여러분에게 많은 도움이 될 수 있기를 진심으로 바란다.

:: 차례

02 점의 의미
점을 보고 사람을 아는 법

03 모상학
털을 보고 사람을 아는 법

04 남자의 시선
플레이보이의 예리한 눈

01

기초인상학

얼굴을 보고
사람을 아는 법

이 세상에 얼굴이 똑같은 사람은 존재하지 않는다. 사주보다 관상이 중요하고, 관상보다 심상이 중요하다는 말이 있다. 고로, 사주의 운세가 아무리 좋아도 늘 인상을 찌푸리고 다닌다면 그 사람의 인생은 좋을 리가 없는 법이다. 따라서 천성적으로 타고난 인상 자체를 바꾸기는 쉽지 않지만, 인상에 대한 기초적인 지식을 터득함으로써, 타고난 인상을 바탕으로 좋은 점은 부각시키고, 나쁜 점은 개선하여 자신의 삶을 더욱 윤택하게 할 수 있게 되기를 기대한다.

1. 얼굴을 보고 사람을 아는 법

　'얼굴은 그 사람의 이력서'라고 했듯이 과학문명이 아무리 발달하고 생활관습이 변한다 해도 동양사상에 기초를 둔 관상학의 오묘하고 지고한 학문은 변하지 않는다. 사람의 얼굴뿐만 아니라 인체의 구석구석까지를 보고 상대방의 성격이나 심리, 건강, 운세 등을 파악, 현대인들로 하여금 누구나 쉽고 흥미롭게 일상생활을 통한 대인관계에 응용할 수 있도록 하였다.

· ● ·

둥근 얼굴은 성격이 원만하고 쾌활하다

살집이 풍부하고 귀밑에서 턱에 걸쳐 포동포동한 모습으로 부드러운

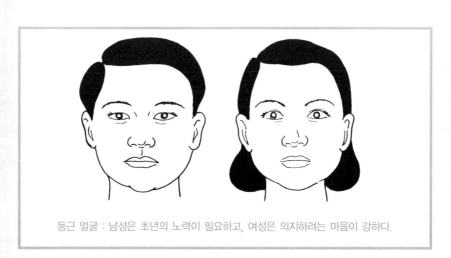

둥근 얼굴 : 남성은 초년의 노력이 필요하고, 여성은 의지하려는 마음이 강하다.

느낌을 주는 둥근 얼굴을 가진 사람은 원만하고 쾌활한 성격으로 대인 관계가 좋고 적을 만들지 않는 요령을 알고 있다. 식욕이나 성욕도 왕성한 편이지만 지나치게 편안한 성격 때문에 비난을 받는 경우도 적지 않다.

남성인 경우는 초년의 노력이 필요한데, 그 노력은 말년에 좋은 결과로 나타난다. 여성인 경우는 무엇이든지 남에게 맡기기 좋아하는 면이 있고 의지하는 마음이 강한 결점도 있다.

일반적으로 대인 관계가 좋고 사교적인 성격이기 때문에 교제범위도 넓은 것이 장점이지만, 약속을 곧잘 어기고 신중함이 부족한 언행 때문에 친구를 잃게 되는 단점이 있다. 확실한 계획을 세워 실천하는 습관을 기르는 것이 운을 여는 지름길이다.

· ● ·

계란형 얼굴은 기가 약하고 의지력이 약하다

마치 계란을 세워놓은 것처럼 부드러운 곡선으로 이루어진 얼굴은 사교적인 재능이 풍부하고 사람들에게 좋은 인상을 주는 반면에 기가 약하

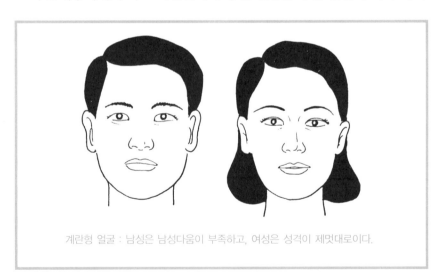

계란형 얼굴 : 남성은 남성다움이 부족하고, 여성은 성격이 제멋대로이다.

고 의지력이 약하다. 누구나 좋아하는 타입이지만 오히려 팔방미인격인 재능 때문에 좀처럼 좋은 친구를 만들지 못한다.

남성인 경우, 중년에 이르러 결단력이 부족한 탓에 난관에 부딪힐 염려가 있으니 주의할 것. 남성다움이 부족하다고 볼 수 있다.

여성인 경우에는 제멋대로인 성격 때문에 가정불화의 원인을 만들 수 있으니 늘 상대를 생각하는 입장에서 행동하도록 주의해야 한다. 특히 이웃과의 교제술에 뛰어난 반면, 쓸데없는 소문에 휘말리거나 그 원인을 만들어내기 쉬우니까 항상 말을 조심할 것.

• • •

역삼각형 얼굴은 성격이 감정적이다

머리는 넓고 턱으로 갈수록 좁아지는 이 얼굴은 신경질적인 느낌을 준다. 이런 형의 얼굴은 대부분 목이 가는 편이다. 역삼각형의 얼굴은 두뇌 회전이 좋고 감각도 뛰어나며 상상력도 풍부하지만, 성격이 감정적이기 때문에 대인 관계에서 자주 대립하게 될 우려가 있다. 또 자신의 재능을 지나치게 믿는 탓에 스스로 화를 초래하는 경우도 있다.

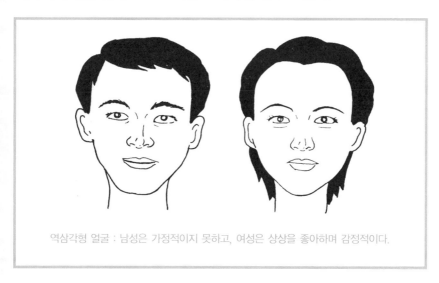

역삼각형 얼굴 : 남성은 가정적이지 못하고, 여성은 상상을 좋아하며 감정적이다.

이런 사람은 초년에서 중년에 걸친 노력이 평생을 좌우한다. 지나치게 머리만을 믿는 것은 해가 될 수 있으니 주의할 것.

남성인 경우 그다지 가정적이지 못한 경우가 많고, 자식에게 무리한 기대를 가지는 타입이다. 여성인 경우는 상상을 좋아하는 감정적인 경우가 많다. 또한 사교적인 재능은 뛰어나지만 언제나 최고이기를 바라는 욕망 때문에 오히려 손해를 보게 되는 경우도 많다.

• ● •

사각형 얼굴은 성실하고 노력하는 타입이다

정면에서 볼 때 하관이 넓어서 사각형으로 보이는 얼굴을 말하는데, 성실하고 꾸준히 노력하는 타입이다. 신경도 무딘 편이고 끈기가 있어서 사색형이라기보다는 활동가인 반면 고집이 세고 지나치게 완고한 면이 있다. 중년에서 말년에 걸친 운이 좋은데, 급한 성격 때문에 일을 그르칠 염려가 있으니 주의할 것.

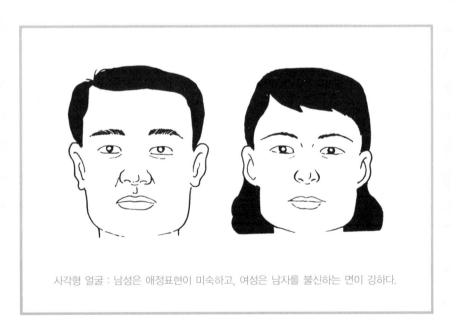

사각형 얼굴 : 남성은 애정표현이 미숙하고, 여성은 남자를 불신하는 면이 강하다.

남성의 경우, 가정을 사랑하고 친구와의 우정도 두터운 편이지만 애정 표현이 미숙하다. 스태미나와 반항심을 잘 조화시키는 게 중요.

여성은 가정적이고 요리도 잘 하는 편이지만, 왠지 무뚝뚝해 보이는 표정 때문에 다른 사람의 오해를 받기 쉬우니 조심해야 한다. 여자다운 모습이 부족해서 가끔씩 부부싸움의 원인이 되고, 미혼여성인 경우에는 남자를 불신하는 면이 강하다. 상냥함과 솔직함을 몸에 익히는 것이 중요.

• ● •

팔각형 얼굴은 노력가이며 스태미나가 풍부하다

계란형과 비슷하지만 하관이 좀 더 넓어 보이고 관자놀이 부분도 각이 져서 약간 좁아 보이는 타입을 말한다. 이런 형은 끈기가 있는 노력가며 스태미나도 풍부하다. 반면에 사교성이 부족하고 고집이 세어서 고독해지기 쉽다. 또 이런 형은 생각지도 않은 실수를 저지르는 일이 가끔씩 있어서 매우 신중해 보이면서도 순간의 실수로 인해 손해를 보게 되는 경

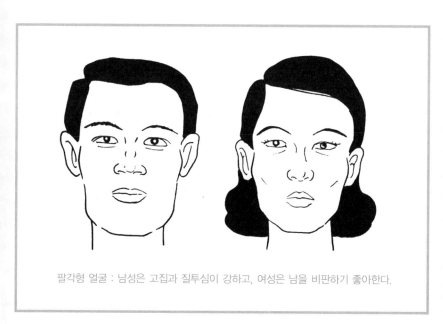

팔각형 얼굴 : 남성은 고집과 질투심이 강하고, 여성은 남을 비판하기 좋아한다.

우가 있으니 조심해야 한다. 특히 중년에 그런 실수를 하지 않도록 주의할 것.

남성인 경우, 말수가 적고 조용한 반면에 고집이 세고 질투심이 강하며 나이를 먹을수록 보수적인 성향을 띠게 된다.

여성인 경우에는 꼼꼼한 성격이 남성을 선택하는 데 있어서 실수를 하지 않도록 만들지만, 남을 비판하기 좋아하는 성격 때문에 다 핀 사랑의 꽃을 시들게 만드는 경우가 있으니 조심할 것.

· ● ·

직사각형 얼굴은 주관과 개성이 부족하다

정면에서 바라볼 때 아래 위로 길게 직사각형처럼 보이는 얼굴이다.

이런 형은 꿈을 좇는 로맨티시스트. 감정에 좌우되기 쉽고 인내력이 부족한 타입이다. 말을 잘하고 얌전해서 기품이 있어 보이는 반면 남보다 돋보이기를 좋아하며 변덕이 심하다. 또 다른 사람의 강한 의견에 좌

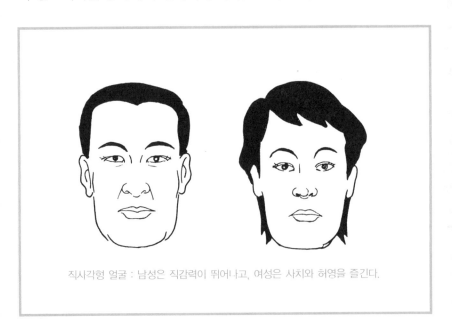

직사각형 얼굴 : 남성은 직감력이 뛰어나고, 여성은 사치와 허영을 즐긴다.

우되는 성향이 있다. 즉, 주관과 개성이 부족하다는 뜻.

남성인 경우, 말은 잘하지만 실천력이 부족해서 장사에는 맞지 않는다. 그러나 직감력이 뛰어나고 소리와 색에 대한 감각이 날카롭다.

여성인 경우에는 사람들에게 인기가 있는 반면 사치와 허영을 좋아한다. 또한 과거에 집착하기를 좋아하고 현실보다는 공상의 세계를 좋아해서 청춘을 쓸데없이 낭비하는 경우가 있다. 좀 더 현실적으로 세상을 보도록.

· ● ·

사다리형 얼굴은 사교성, 스태미나, 금전운이 좋다

아래가 넓고 위가 좁은 얼굴. 볼과 턱에 살집이 풍부한 형이다. 초년에는 그다지 좋은 환경에서 자라지 못했지만 중년 이후의 노력이 결실을 맺는 상. 스태미나가 넘치고 사교성도 있으며 유흥을 좋아하는 타입. 금전운도 넘칠 정도로 좋지만 낭비가 지나치면 파멸을 초래하게 되니 조심

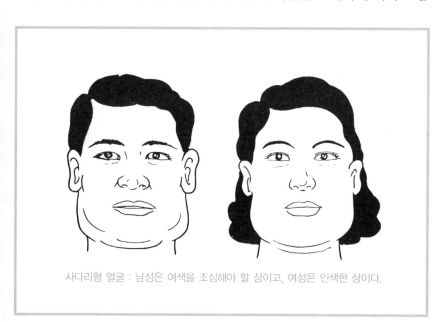

사다리형 얼굴 : 남성은 여색을 조심해야 할 상이고, 여성은 인색한 상이다.

할 것.

　남성인 경우, 중년기에 기초를 세워 성공하게 되지만 여색에 탐닉하지 않도록 조심해야 한다. 여성은 가계부를 착실히 정리하는 반면에 인색한 면이 있다. 그러나 사소한 낭비에는 그다지 신경 쓰지 않는 결점도 있다. 남녀 모두 턱의 살집이 단단한 것이 좋다. 모양만 부풀어 오르고 푸석푸석한 경우에는 유흥, 낭비, 욕정만이 앞서서 오히려 가난한 생활을 하게 된다.

· ● ·

마름모형 얼굴은 인내력이 강하고 실천력이 있다

　광대뼈 부분이 가로로 벌어져서 마름모처럼 생긴 얼굴. 이마가 좁고 턱이 뾰족하다. 인내력이 강하고 실천력도 있지만 옹고집스러운 면과 삐치기를 잘하는 단점을 가지고 있다. 그래서 사교적으로 손해를 보는 경우가 많다. 또한 몰래 뭔가 꾸미는 것을 좋아해서 교제가 길어질수록 다툼의 요인을 자주 제공하게 되어 신용을 잃을 수가 있으니 조심할 것.

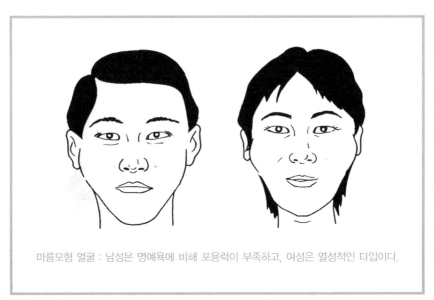

마름모형 얼굴 : 남성은 명예욕에 비해 포용력이 부족하고, 여성은 열성적인 타입이다.

남성은 명예욕이 강하고 끈기가 있지만 포용력이 부족하다.

여성은 앞에서는 잘 돌보아 주면서 뒤돌아서면 즉시 험담을 늘어 놓기를 좋아한다. 가정에서는 남편과 아이를 위해서라면 몸이 가루가 되도록 열성적인 타입이지만, 지나친 잔소리 때문에 그 동안 쌓은 공을 한번에 잃기 쉬우니 조심할 것.

2. 턱을 보고 사람을 아는 법

턱은 그 사람의 성격을 나타낸다. 하관에서 가장 중요한 위치를 차지하며, 광택과 살집에 따라서도 성격과 운세를 살펴 볼 수 있다. 일반적으로 부하운, 저택운, 자식운, 건강운 등의 척도로 사용된다.

• ● •

네모난 턱은 자기주장이 강하다

정면에서 보았을 때 모서리가 넓게 각이 진 턱을 가진 사람은 자기 주장이 강하고 끈기가 있으며 스태미나가 뛰어나다. 살집이 두툼한 경우에는 부하운도 좋고 말년에 자식운도 있지만 살집이 없고 뼈만 앙상한 경

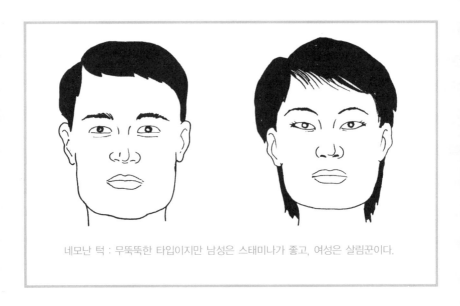

네모난 턱 : 무뚝뚝한 타입이지만 남성은 스태미나가 좋고, 여성은 살림꾼이다.

우에는 하체가 약해서 관절염이나 류머티즘을 앓을 염려가 있다.

남성인 경우에는 스태미나가 뛰어나지만 무뚝뚝하고, 여성인 경우에도 무뚝뚝하지만 살림을 잘한다.

• ● •

뾰족한 턱은 예술적인 분야에 알맞다

잔소리가 많고 부하운, 자식운이 없으며 정신적인 일을 하게 되는 경우가 많고 신경질적이다. 창의력, 독창성은 뛰어나지만 끈기가 부족하고, 마음이 여려서 변덕이 심한 편이다. 예술적인 분야에 알맞다.

남성인 경우, 애정 표현이 뛰어나고 무드조성이 능숙해서 여자의 마음을 사로잡는 매력이 있지만 스스로 여성적인 성격이 강해서 여자를 이해하는 마음은 부족한 편이다.

여성인 경우, 섬세하며 꾸미는 것을 좋아해서 집안을 아름답게 만들기는 하지만 분위기 연출과는 달리 쉽게 앵돌아져서 말다툼을 자주 한다. 남자에게 지나치게 의지하는 경향이 강해서 상대를 지치게 하기 쉬우니

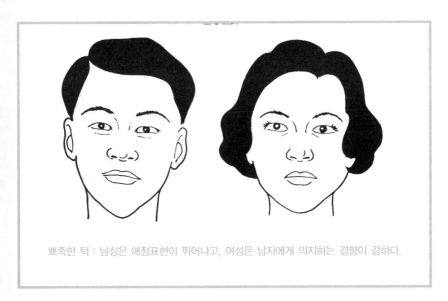

뾰족한 턱 : 남성은 애정표현이 뛰어나고, 여성은 남자에게 의지하는 경향이 강하다.

스스로 자주성을 기르는 데 힘을 쓰는 것이 무엇보다 중요하다.

• ● •

주걱턱은 재산을 의미한다

마치 주걱처럼 길게 튀어나온 턱은 재산을 의미한다. 이기적인 성격이 강하고 욕심이 많아 축재에 밝은 반면, 자기주장이 지나치게 강해서 친구들에게 욕을 먹을 경우가 있다. 그러나 선천적으로 타고난 성격 때문에 교제에 능해서 주위에는 늘 친구가 끊이지 않는다.

남성인 경우, 직장 변동이 많고 여성에게 약하며 금전적으로 인색하다. 그러나 주장이 뚜렷하고 가정적이어서 남편으로서는 꽤 좋은 타입이라고 볼 수 있다. 말년에 이르러 편안한 생활을 하게 된다.

여성인 경우, 남에게 지는 것을 극단적으로 싫어하고 화려한 것을 좋아하며 남자도 손아귀에 넣고 흔들어야 만족하는 성격이다. 그러나 축재 능력이 뛰어나 남편도 만족하며 살게 만든다. 대부분 주걱턱의 아내를 가진 남자는 공처가인 경우가 많다.

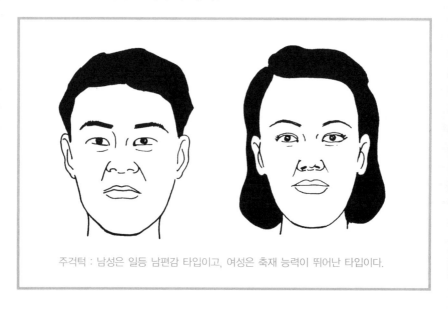

주걱턱 : 남성은 일등 남편감 타입이고, 여성은 축재 능력이 뛰어난 타입이다.

턱이 짧은 사람은 의지력이 약하고 소심하다

턱이 거의 없는 것처럼 짧은 사람은 의지력이 약하고 소심한 성격이다. 그러나 유머가 풍부하고 재치가 있어서 늘 인기를 모은다. 유흥에 탐닉하는 것을 줄이고 현실적인 생활에 좀 더 신경을 쓴다면 좋은 운을 맞이할 수 있다.

남성인 경우, 주관이 뚜렷하지 못하고 경솔한 면이 있어서 자주 손해를 보지만, 주위 사람을 끌어들이는 매력이 있기 때문에 파티 석상에서는 늘 한자리 차지하는 타입니다. 도박성이 강해서 노름에 손을 대기 쉬운데, 반드시 현실적인 안목을 가지도록 노력하지 않으면 늘 돈 때문에 허덕이게 된다. 금전 관리에 신경을 쓰도록.

여성인 경우에는 애교가 많아서 집안을 즐겁게 만들기는 하지만, 가계를 맡길 만한 타입은 못된다. 스스로 늘 가계부를 작성하고 반성하는 습관을 들여 금전 관리에 신경을 쓰는 것이 좋다.

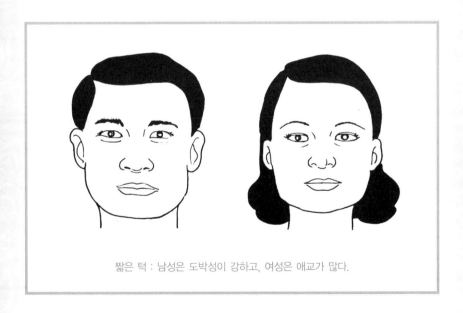

짧은 턱 : 남성은 도박성이 강하고, 여성은 애교가 많다.

3. 광대뼈를 보고 사람을 아는 법

    인상학에서는 광대뼈를 관골(觀骨)이라고 부른다. 여기에는 세상을 보는 눈과 권위, 세상에 대한 권력의 강·약, 신용 문제, 생명력의 강·약, 병에 대한 저항력 등이 나타나 있다.

    일반적으로 관골이 어느 정도 튀어 나와 있는 것은 그다지 나쁘다고 보지는 않는다. 세상살이에서의 교섭이나 교제 등도 적당히 꾸려나간다고 보는 것이다.

    다만 그 튀어나온 모습에는 종류가 몇 가지 있기 때문에 그 설명을 하고자 한다.

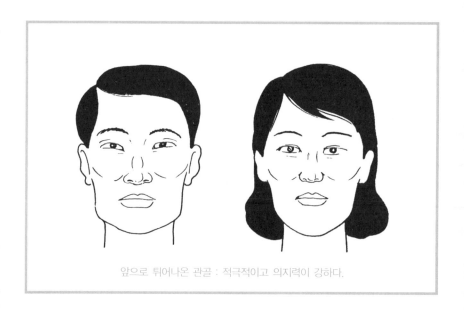

앞으로 튀어나온 관골 : 적극적이고 의지력이 강하다.

관골이 앞으로 튀어나온 경우

남녀 모두 적극적이고 행동력이 있으며 싸움을 자주 하는 타입이다. 의지력이 강하고 자기가 마음먹은 일은 어떻게 해서든 관철시키려고 노력하며 남에게 지는 것을 극단적으로 싫어한다.

애정 표현에는 서툰 편이고, 친구와의 관계에서도 자주 오해를 받을 행동을 하기 때문에 손해를 보는 경우도 있으니 침착한 성격을 기르도록 노력하는 것이 좋다.

관골이 옆으로 튀어나온 경우

인내력이 있다. 자기가 직접 나서서 일을 꾸미는 것보다는 배후에서 묵묵히 도움을 주는 타입이다. 다른 부분에 성격이 안 좋은 경향이 나타나 있을 경우에는 그늘에서 뭔가 나쁜 일을 꾸미거나 배신을 하기 쉬운 상이니 밝은 성격을 갖도록 노력하는 것이 좋다.

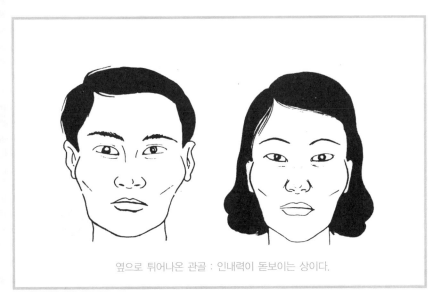

옆으로 튀어나온 관골 : 인내력이 돋보이는 상이다.

애정면에서는 성감을 이해하는 시기가 늦은 편이어서 30대에 들어서서야 이성을 찾아 다니는 경우가 많다. 하지만 이성에 대한 호기심은 강한 편이다.

• ● •

관골이 아래쪽으로 튀어나온 경우

일반적으로 인기가 있는 타입으로 대중을 끌어 모으는 재주가 뛰어나 연예인으로서 어울린다. 애정 표현도 뛰어나고 금전적인 면에서도 그다지 뒤떨어지지 않지만 가정적인 사람이라고는 보기 어렵다.

• ● •

관골이 비스듬히 튀어나온 경우

행동력은 있지만 기복이 심한 성격. 어떤 경우에는 매우 적극적이지만 또 어떤 경우에는 말도 없이 조용히 생각에만 잠겨 있는 타입이다. 좋은 의미에서는 세상을 살아가는 방법을 알고 있다고 말할 수 있고, 나쁜 의

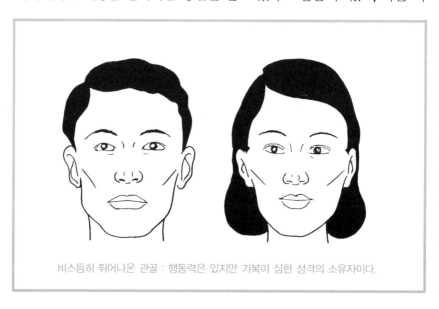

비스듬히 튀어나온 관골 : 행동력은 있지만 기복이 심한 성격의 소유자이다.

미에서는 요령이 지나치게 좋다고도 말할 수 있다. 두뇌회전이 빠르고 얕은 꾀에 능숙하다. 금전적인 감각과 이기적인 면 때문에 애정면에서 상대방을 무시하는 경우가 있지만 나름대로 만족스럽게 살아가는 타입이다.

• ● •

살집이 없이 가시가 돋힌 듯 튀어나온 경우

이런 타입은 제멋대로이고 자기주장이 강해서 아랫사람이나 가족과 평탄한 관계를 유지하며 살기 어렵다.

여성인 경우에는 주제넘게 참견하기를 좋아하고 나서기를 좋아해서 늘 누군가를 헐뜯는 일에 앞장서는 타입이고, 애정면에서도 확실하지 않은 얄팍한 지식으로 상대를 과소평가하는 버릇이 있기 때문에 남성에게 인기가 없다.

관골이 옆으로 벌어진 것처럼 튀어나온 경우에는 남을 헐뜯고 헛소문을 내는 일에 더욱 앞장서는 타입이다.

여성인 경우, 오른쪽의 관골은 그다지 눈에 띄지 않는데 왼쪽만 튀어

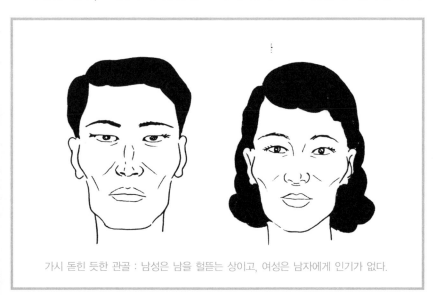

가시 돋힌 듯한 관골 : 남성은 남을 헐뜯는 상이고, 여성은 남자에게 인기가 없다.

나와 있는 경우에는, 밖에서는 얌전하지만 가정에서는 안하무인격으로
행동하는 이중성격을 지니고 있다.

보조개가 있는 경우

얼굴에 보조개가 있는 경우에는 일반적으로 귀염성이 있어 보여서 나
쁜 인상이라고는 말할 수 없지만 인상학에서는 그다지 좋게 보지 않는다.
부모님의 사랑을 독차지하며 자라지만 점차 운이 약해져 가는 상이라
고 할 수 있다. 그리고 인생을 살아가는 데 끈기가 부족한 편이라서 성취
감을 맛보기가 쉽지 않다.

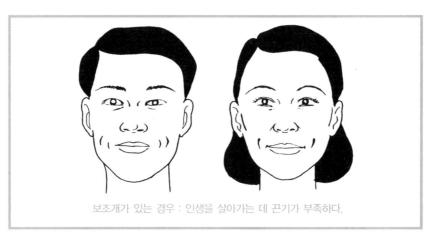

보조개가 있는 경우 : 인생을 살아가는 데 끈기가 부족하다.

하관뼈(下觀骨)에 살집이 두툼한 경우

하관뼈란 귀 아래의 턱이 이어진 부분을 말한다. 이곳은 관골과 마찬
가지로 저항력, 경계력, 인내력, 의지력을 판단하며 음식에 대한 욕망을
살펴보는 부분이다. 살집이 두툼하게 붙은 모습으로 튀어나와 있는 것을
길상으로 보며, 이런 사람은 의지력이 강하며 노력가다.

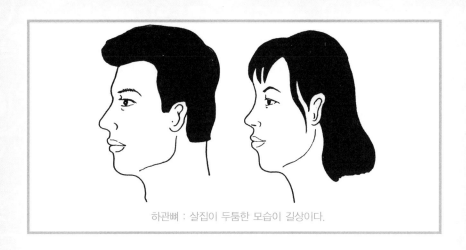

하관뼈 : 살집이 두툼한 모습이 길상이다.

• • •

뼈만 튀어나와 있는 경우는 반역의 상이다

하관뼈에 살집이 없이 뼈만 튀어나와 있는 경우에는 반역의 상으로 보며, 이런 사람은 윗사람을 배신할 우려가 많다.

여성으로 뼈가 튀어나와 있는 경우에는 성격이 좋지 않고 드세기 때문에 혼기가 늦어질 수 있으니 마음을 너그럽게 가지는 것이 중요하다. 또 결혼 후에도 지나치게 제멋대로이기 때문에 가정불화를 자주 일으키게 된다.

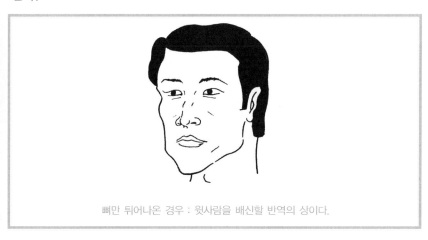

뼈만 튀어나온 경우 : 윗사람을 배신할 반역의 상이다.

4. 머리카락을 보고 사람을 아는 법

머리카락은 그 사람의 혈액순환과 건강, 성격, 운세를 나타낸다. 특히 현재의 건강 상태를 파악하는 좋은 자료로 쓰인다.

부드러운 머리카락은 건강을 상징한다

부드럽고 윤기가 흐르는 머리카락은 건강을 상징하며, 성격도 모나지 않고 온화하다.

남성인 경우에는 가정적이고 섬세한 성격으로 모험을 즐기는 것보다는 안정감을 소중히 여긴다. 성적인면에서도 분위기를 연출하는 능력이 뛰어나기는 하지만 남성다운 박력이 결여된 것이 흠이다. 우정이나 의리

부드러운 머리카락 : 건강하고 성격이 온화하다.

를 중시하기보다는 이기적인 면이 강하고 멋을 내기 좋아한다.

여성인 경우에는 남성과의 조화를 잘 이루고 순응하는 성격이기 때문에 원만한 가정생활을 유지한다. 미적인 센스도 뛰어나고 호르몬 분비가 좋아서 생리적으로도 별 문제가 없다.

- ● -

곱슬머리는 인생에 파란이 많다

곱슬머리는 인생에 파란이 많다. 흥분을 잘하고 명령 받는 것을 싫어하며 모험을 좋아한다.

남성인 경우에는 친구들에게 인기가 있고 여성에게도 한껏 매력을 과시한다. 그러나 직장생활을 하기 힘들고 이직률이 높아서 한곳에 안주하지 못한다. 상황판단이 뛰어나고 리더십이 좋아서 윗자리에서 일하기를 좋아하지만 정이 많아 큰 돈을 만지기는 힘들다.

여성인 경우에는 남성적인 성격이기 때문에 대인 관계에 마찰이 많고 결혼운이 좋지 않으며, 결혼을 해도 자신이 생활전선에 뛰어들어 돈을 버는 경우가 많다. 남편 위에 군림하려고 하니 남편이 기가 눌려 무능력

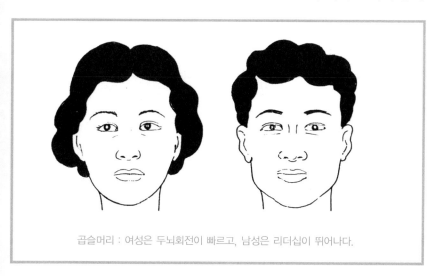

곱슬머리 : 여성은 두뇌회전이 빠르고, 남성은 리더십이 뛰어나다.

해지기 때문이다. 그러나 두뇌회전이 뛰어나고 성적인 면에서도 남성을 능가하는 추진력이 있다.

• ● •

억센 머리카락은 강한 체력을 상징한다

흔히 돼지털이라고 부르는 뻣뻣한 머리카락은 강한 체력을 상징한다. 운동선수나 육체노동자들에게 많으며 정력도 뛰어나 여자에게 약하다. 정력이 강한데 여자에게 약하다는 이유는, 자신의 욕망을 소화해 줄 수 있는 상대에게 머리를 숙일 수밖에 없기 때문이며, 그래서 공처가가 많다.

여성인 경우는 표면적으로 나서기를 좋아해 여성운동가나 사회인으로 성공할 수는 있으나 남성에게는 그다지 인기가 없다.

• ● •

대머리는 그 사람의 운세를 나타낸다

일반적으로 대머리의 운세가 좋다는 것은 머리를 하늘로 보고 머리카

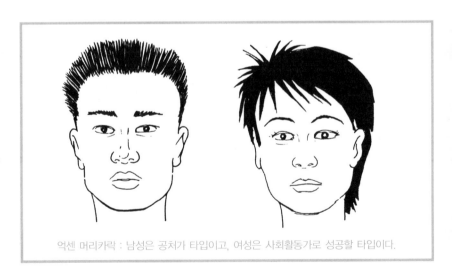

억센 머리카락 : 남성은 공처가 타입이고, 여성은 사회활동가로 성공할 타입이다.

락을 지붕으로 보는데, 그 지붕이 없이 직접 하늘의 기운을 받는 형국이라 해서 해석된 말인데, 반드시 그런 것은 아니다.

하늘에는 태양만이 존재하는 것이 아니라 비, 눈, 벼락 등 여러 가지 자연현상이 존재하는데, 대머리는 태양은 물론, 그런 악조건에도 그대로 노출된 모습이기 때문에 운세가 나쁠 경우에는 오히려 더 큰 해를 입게 되기 때문이다.

그래서 일찍 출세하기는 해도 주위에 적이 많고 아내만이 내편이 되어주어 뜻밖으로 가정적인 남자가 많다.

여성인 경우에는(물론 여성은 앞이마가 넓은 정도라고 할 수 있겠지만) 음기를 타고나는 것이 당연한데, 그런 음기를 지켜줄 가리개가 없는 꼴이라 일찍부터 생활전선에 뛰어들어야 하고 배우자 인연이 좋지 않다.

그러나 사회활동이나 여성운동가로서는 꽤 이름을 떨칠 수 있을 것이다. 단, 여기에서 언급한 대머리란 병에 의해서가 아닌 선천적인 경우를 뜻한다.

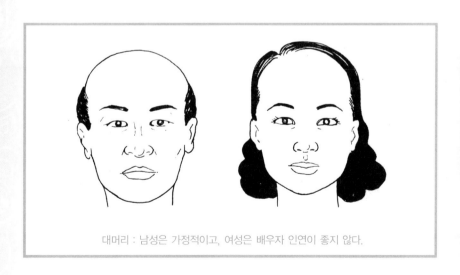

대머리 : 남성은 가정적이고, 여성은 배우자 인연이 좋지 않다.

5. 이마를 보고 사람을 아는 법

이마는 운세를 나타내는 중요한 자료이며, 특히 초중년의 운세와 관련이 깊기 때문에 부모나 조상, 배우자 인연을 상징한다.

• ● •

이마가 넓은 사람의 경우

흔히 이마가 넓다는 말은, 한가운데 부분이 벗겨져 올라간 것을 뜻하는 말이 아니고 양쪽 끝이 벗겨져 올라간 것을 뜻한다.

머리카락을 두 손으로 바짝 밀어 올렸을 때 넓은 직사각형처럼 훤하게

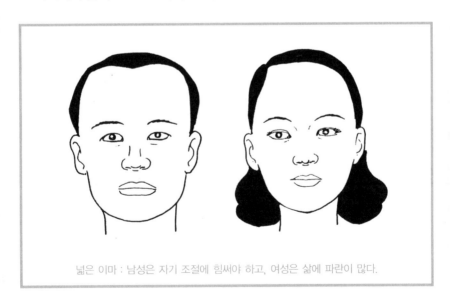

넓은 이마 : 남성은 자기 조절에 힘써야 하고, 여성은 삶에 파란이 많다.

드러나는 이마는 인자한 마음과 폭넓은 이해심을 뜻한다. 운세도 매우 좋은 편으로 특히 초년운이 강해서 좋은 집안의 자손임을 뜻한다. 이마의 위쪽 부분이 반달 모양으로, 가운데는 벗겨져 올라가고 양쪽 끝은 숱으로 덮여 있는 경우는 자기를 지나치게 과신해서 일을 그르치기 쉬운 상이다.

중앙은 자기, 양쪽 끝은 주위 사람을 뜻하는데, 자기는 노출되고 주위 사람은 묻어두는 상이기 때문에 주위의 반발이 심해 앞길이 막히는 꼴이다. 자기 조절에 힘을 쓸 필요가 있다. 특히 여성인 경우에는 이런 상이 대머리인 격으로 육체적 · 정신적으로 파란이 많다고 할 수 있으며, 이마의 넓이는 이해심과 관계가 있다고 했으므로 결과적으로는 남을 이해하다가 자신이 손해를 보는 뜻하지 않은 결과를 초래하게 된다.

• ● •

이마가 좁은 사람의 경우

두 손으로 머리카락을 힘껏 밀어 올려도 코 길이의 3분의 2가 되지 않

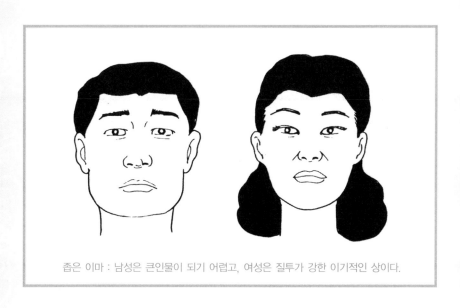

좁은 이마 : 남성은 큰인물이 되기 어렵고, 여성은 질투가 강한 이기적인 상이다.

을 정도로 좁은 이마는 큰 인물이 되기는 어렵다. 밝은 쪽보다는 어두운 쪽, 큰 일보다는 작은 일에 구속당하기 쉬워 앞에서는 큰소리치고 뒤에서는 책임을 지지 못해 고민하는 형이다.

그러나 여성인 경우는 그 의미가 다르다. 질투가 강하고 이기적인 성격이기 때문에 남성을 자기 것으로 만드는 데 탁월한 능력을 가지고 있고 또한 어떤 수단을 사용해서라도 남편을 출세하게 만들려고 노력한다. 그러나 남성이든 여성이든 이마가 좁다는 것은 심성이 좁다는 것을 뜻하며, 결국 주위에 호감을 주는 상은 아닌 것이다.

• ● •

이마는 밝은 빛이어야 한다

이마는 밝은 빛이어야 하고 흠이나 사마귀, 그리고 점이나 흉터 등이 없어야 한다. 이마의 색이 어두우면 질병을 뜻하는데, 특히 혈액과 관계된 질병, 즉 심장이나 동맥경화, 뇌졸중 같은 질병에 주의해야 하고, 여성인 경우에는 생리불순, 생리통, 주부습진, 냉ㆍ대하 등에 주의해야 한다.

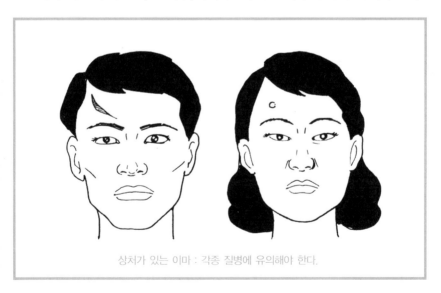

상처가 있는 이마 : 각종 질병에 유의해야 한다.

· ● ·

상처나 사마귀는 운세에 놓인 함정을 의미한다

이마에 있는 상처나 사마귀는 그 사람의 운세에 놓인 함정을 의미하는데, 중앙쪽은 권력을, 왼쪽은 재산, 오른쪽은 여성 문제에서의 파란을 나타낸다. 여성인 경우는 왼쪽이 남성 문제, 오른쪽이 재산 문제를 나타낸다.

대체적으로 남성은 이마는 넓을수록 좋다고 볼 수 있고, 여성은 좁을수록 좋다고 보는데, 남성은 양(陽) 즉, 태양을 닮아야 좋다는 뜻이고, 여성은 음(陰) 즉, 땅을 뜻해서 태양을 가리는 그늘을 닮아야 자기에게 좋다는 뜻이다. 이해심 많은 남자를 선택할 경우라면 이마부터 보는 것이 가장 현명한 일이다.

6. 눈썹을 보고 사람을 아는 법

눈썹은 혈액과 관계가 있다. 머리카락이 혈액과 관계가 있다고 했듯이, 눈썹도 혈액과 관계가 있다. 특히 집안의 내력을 알아보는 중요한 자료가 된다. 집안의 혈통을 이어내려 간다는 의미에서다.

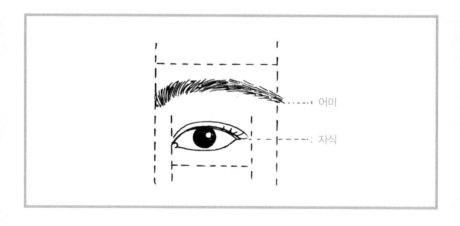

눈썹이 짙지 못하거나 눈 길이보다 짧은 경우

자식복이 없다고 본다. 눈썹은 부모가 되고 눈은 자식이 되는데, 그 자식을 지켜주는 부모가 듬성듬성 맥없이 끊겨 있거나 자식인 눈보다 길이가 짧은 경우에는 부모로서의 역할을 다하지 못하기 때문이다. 또한 말을 할 때 눈썹이 꿈틀거리는 사람은 성격이 과격해서 윗사람에게

곧잘 반항하고 자신의 주장을 지나치게 내세우는 등의 고집 때문에 망하는 수가 있다.

· ● ·

눈썹이 길고 부드럽게 곡선을 이루며 꼬리가 늘어진 사람

마음이 넓고 후덕하다고 본다. 집안의 대를 이을 상이다. 그리고 눈썹 꼬리가 굵은 사람은 장수할 상으로 친다.

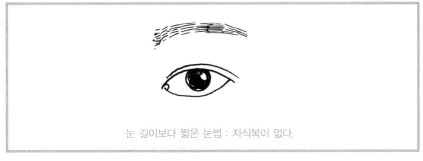

눈 길이보다 짧은 눈썹 : 자식복이 없다.

긴 눈썹 : 마음이 넓고 후덕하다.

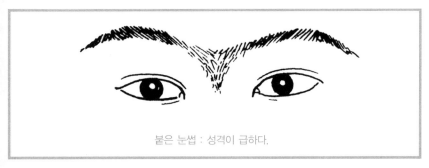

붙은 눈썹 : 성격이 급하다.

눈썹이 눈과 눈 사이에서부터 자라 있거나
미간에서 눈썹끼리 이어져 있는 경우

이런 사람은 성격이 급해서 일을 그르치기 쉽다. 눈썹은 음양의 조화를 뜻하는데, 그것의 구분이 확실하지 않다는 것은 판단력이 정확하지 못하다는 뜻이기 때문이다.

이런 사람은 자신의 성격을 고치는 데 힘을 기울이지 않으면 적어도 한 번 이상 법적인 제재 속에 갇히게 된다. 일반적으로 남성의 눈썹은 굵고 짙은 것이 좋고 여성의 눈썹은 가늘고 부드러운 것이 좋다. 남성의 혈관은 굵어야 하고 여성의 혈관은 드러나지 않아야 하듯이, 눈썹 또한 혈액과 관계 있기 때문에 그 순리대로 형성된 것이 좋다고 보는 것이다.

특히 눈썹의 시작된 부분과 끝 부분은 인상학에서 매우 중시하는 부분으로 양쪽의 균형이 좋고 흠이나 사마귀가 없을수록 육친과의 관계가 좋다고 본다.

7. 눈을 보고 사람을 아는 법

　눈은 성격·감정을 알아볼 수 있는 부분이다. 인상학에서 가장 중요하게 다루는 부분 중의 하나가 바로 눈이다. 눈은 굳이 인상학을 공부하지 않은 사람이라 해도 그 사람의 성격이나 감정을 알아볼 수 있는 중요한 부분으로 정신적인 감응상태를 알아내는 데 있어서 최고의 자료라고 말할 수 있다.

눈은 맑아야 한다

　우선 눈은 맑아야 한다. 눈이 맑다는 것은 핏발이 서 있지 않고 힘이 있어 보이며 빛을 가지고 있다는 뜻이다. 눈이 맑은 사람은 성격도 진취적이고 명랑하며 감정도 안정되어 있다. 남성인 경우 직장생활이 안정되어 있다는 것을 뜻하고, 여성인 경우 부인과 질환이 없다는 뜻이다. 눈빛

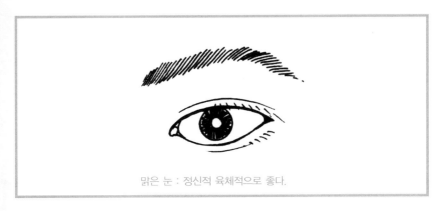

맑은 눈 : 정신적 육체적으로 좋다.

이 음산해 보이는 사람은 성격이 과격하고 자신의 컨트롤이 불가능하기 때문에 주위를 시끄럽게 만들고 순환기 계통의 질병을 가지고 있으며 무슨 일에서나 불만을 나타내기 쉽다. 이야기를 나누며 자주 눈을 움직이는 것은 현재의 화제에 관심이 없다는 뜻이고, 평상시에도 이런 식으로 쉴 새 없이 눈을 움직이는 사람은 정서적으로 불안한 상태이고 환경도 안정되어 있지 못하다는 뜻이며 거짓말을 잘한다. 그러나 신경이 예민하고 두뇌회전이 빠르다는 의미도 있기 때문에 일을 꾸미는 데는 뛰어난 전략가다.

마치 원숭이나 짐승처럼 눈동자가 갈색이나 녹색 기운을 띤 사람은 인정이 없고 시기심이 많아 남이 잘되는 꼴을 보지 못한다고 한다. 매우 이기적이기 때문에 손해를 보지 않는 사람이다.

· ● ·

그윽한 눈은 이성을 끌어들인다

눈이 그윽해 보이는 사람은 사고력이 뛰어나고 집착력이 강하며 이성을 끌어들이는 매력이 강하다. 성적으로도 끈질기고 집요해서 배우자를 충분히 만족시키는 것은 물론 분위기를 이끌어나가는 능력도 뛰어나지만 대를 이을 후손으로는 적합하지 않다. 그 이유는 인정이 많아서 쉽게 흔들리기 때문이다.

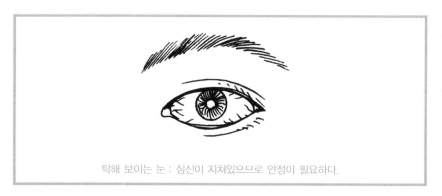

탁해 보이는 눈 : 심신이 지쳐있으므로 안정이 필요하다.

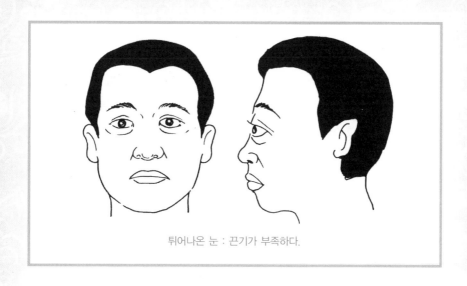

튀어나온 눈 : 끈기가 부족하다.

・ ● ・

눈이 튀어나온 사람은 끈기가 부족하다

눈이 크고 튀어나와 보이는 사람은 끈기가 부족하고 쉽게 지치며 일을
벌여놓고 마무리를 하지 못하는 성격이다.

・ ● ・

눈을 자주 움직이면 산만하다는 증거

늘 곁눈질을 하며 대화를 할 때 고개를 숙인 모습으로 치켜 뜨고 상대
의 거동을 살피는 사람은 반드시 정신병을 앓게 될 것이다. 눈을 자주 움
직인다는 것은 신경이 집중되지 않고 산만하게 분산되어 있다고 보기 때
문이다.

눈의 흰자위가 맑은 사람은 정신적으로도 육체적으로도 좋은 환경에
놓여 있다는 뜻이고, 흐리거나 탁해 보이는 사람은 매우 지쳐 있다는 뜻
이다. 이런 경우에는 즉시 안정을 취하는 것이 좋다.

힘 있는 눈은 정력에도 강하다

눈동자에 힘이 넘쳐서 바라보기가 무서울 정도로 빛이 나는 사람은 정력이 매우 강하고 현재의 생활에도 자신감을 가지고 있다는 것이다. 그러나 눈동자에 힘이 없고 눈꺼풀이 무겁게 늘어져 있는 듯한 느낌을 주는 사람은 여자를 밝혀서 정력적으로도 한계에 이르렀다는 뜻이다. 눈동자에 안정감이 없어 보이고 두 눈동자가 서로 다른 위치를 바라보는 것처럼 공허해 보이는 유리알 같은 눈은 평생 고생만 하게 될 상이다.

눈을 치켜뜨는 사람은 진취적인 타입

상대를 바라볼 때 눈을 치켜 뜨는 사람은 진취적이고 활동가 타입이며 눈을 내리까는 사람은 소심하고 끈기가 부족하다. 또 눈을 옆으로 돌려 다른 곳을 바라보는 사람은 현재 자기의 위치에 자신감을 가지고 있지

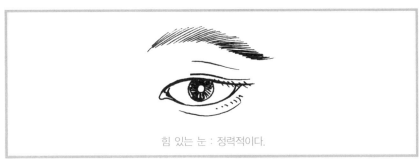

힘 있는 눈 : 정력적이다.

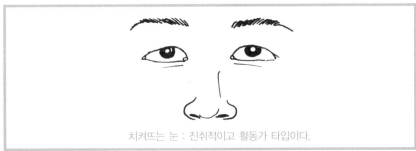

치켜뜨는 눈 : 진취적이고 활동가 타입이다.

않다는 뜻이다.

눈에 물기가 고인 것처럼 젖어 보이는 사람은 이성에 대한 욕구가 강하고 또 가만히 있어도 이성이 꼬이게 된다. 윗눈꺼풀에 주름이 많거나 아래눈꺼풀이 두꺼운 사람도 마찬가지다.

• ● •

삼백안(三白眼)은 아내로서는 부적합하다

흔히 삼백안(三白眼)이라고 하는 눈은 흰자위가 양쪽과 아래쪽에 모두 위치한 경우를 말하는데, 치켜 뜬 눈을 상상하면 이해하기 쉽다. 이런 사람은 앞에서는 쉽게 수긍하고 찬성해 놓은 일도 돌아서면 험담을 하고 트집을 잡기 좋아해서 대인관계에서 좋은 결과를 얻기 어렵다. 여자가 이런 눈을 가졌다면 살부(殺夫)의 상이라 해서 예전에는 시집을 가기 어려웠다. 현대사회에서 그런 것까지 적용시킬 수는 없는 일이지만 어쨌든 아내로서는 적합하지 않은 상이다.

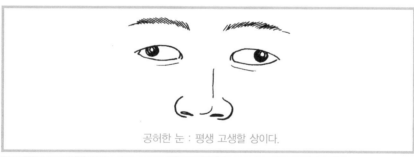

공허한 눈 : 평생 고생할 상이다.

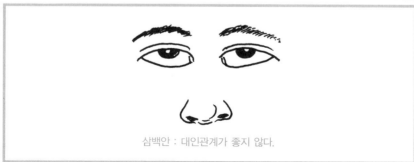

삼백안 : 대인관계가 좋지 않다.

• • •

사백안(四白眼)은 좋지 않은 상이다

또 드문 예지만 사백안(四白眼)이라고 부르는 눈이 있는데, 눈동자 주위의 흰자위가 모두 드러나 보이는 모습으로 반드시 정신병을 앓게 되거나 요절을 할 상으로 평가한다. 그러나 현대사회에 그대로 적용시키기는 어렵다.

• • •

눈물이 많은 여성은 감정이 풍부하다

한쪽은 크고 한쪽이 작은 눈은 인생에서 큰 전환기를 겪게 될 상이며 뛰어난 머리를 상징한다. 눈의 물기가 말라서 자주 따가워하는 여성은 생리불순이나 생리통을 앓고 있다는 뜻이며, 눈물이 많은 여성은 감정

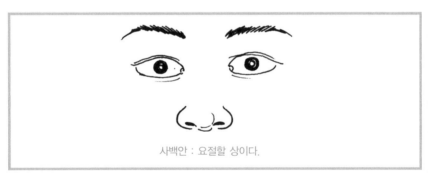

사백안 : 요절할 상이다.

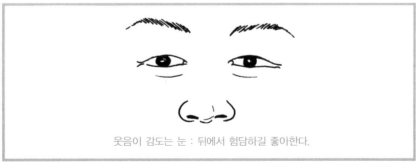

웃음이 감도는 눈 : 뒤에서 험담하길 좋아한다.

이 풍부해서 잠자리에서도 남성을 만족시켜 주는 뛰어난 악기가 되어 준다.

・●・

눈가에 웃음이 감도는 남성은 이성에 관심이 많다

눈가에 늘 웃음이 감돌고 있는 남성은 이성에 대한 관심이 높고 여성 인 경우에는 많은 남자를 상대하게 되는데, 대부분 앞에서는 웃으면서 이야기하고 돌아서면 험담을 하는 사람인 경우가 많다.

8. 코를 보고 사람을 아는 법

코는 운세, 성격, 정력을 판단하는 보물 창고이다. 코는 크게 세 부분으로 나눈다. 코뿌리, 즉 두 눈 사리의 코가 시작되는 부분(이하 상부라고 한다)과 중간 부분(이하 중부라고 한다)과 콧방울이 있는 아래 부분(이하 하부라고 한다)이다.

코는 30대 후반에서 50대 초반까지의 운세를 나타내는 부분으로 운세 감정에 매우 중요한 자료이며, 성격 판단과 정력을 판별하는 보물창고이기도 하다.

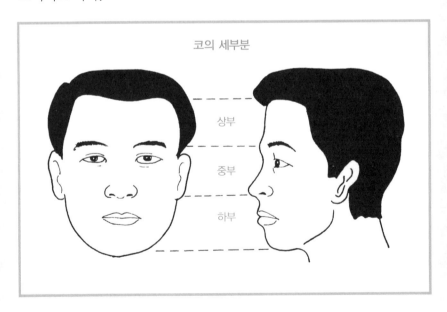

코의 세부분

상부

중부

하부

두툼한 코는 일찍 성공할 수 있다

코의 살이 두툼하고 상중하부가 모두 두툼해 보이는 사람은 육체적으로 매우 건강하지만 두뇌회전은 그리 좋은 편이 못된다. 운세가 강한 편이고 성격도 활발해서 대인관계가 좋아 일찍 성공할 수 있으며, 40대에는 안정된 생활을 유지할 수 있다.

코에 살이 없고 빈약해 보이는 사람은 소심한 성격에 따지기 좋아하고 신경질적인 성향이 강해서 사회활동을 하면 인정받기 어려운 처지에 놓이기 쉽고, 쉽게 지친다.

· ● ·

코가 낮은 사람은 고생을 면하기 어렵다

코가 낮은 사람, 즉 상중부가 눌러 놓은 것처럼 주저앉은 사람은 아무리 좋은 가문에서 태어났다 해도 고생을 면하기 어렵다. 코의 살집이 적당하고 길게 뻗어 있는 사람은 운세가 좋고 성격도 원만해서 늘 배후의

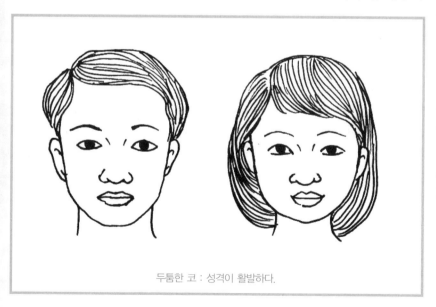

두툼한 코 : 성격이 활발하다.

조종자적인 위치에서 지휘를 하게 된다.

• ● •

코의 길이가 짧은 사람은 성격이 급하다

코의 길이가 짧은 사람은 성격이 급해서 일을 그르치기 쉽고 안정감이 없으며 수명도 짧은 편이다. 보통 얼굴 길이의 3분의 1정도가 코의 적당한 길이인데, 코가 짧다는 것은 그만큼 이상도 작고 생각도 짧아서 일에 실패하기 쉽다는 것이다. 코가 높고 늘씬하기는 한데 살집이 거의 없어 보이며 코끝이 뾰족한 사람은 일을 시작해서 추진하는 과정까지는 잘 진행되지만 마지막 마무리 단계에서 주저앉게 되는 일이 많고 형제나 친척 간에도 우애가 별로 없는 상이다.

정면에서 바라볼 때 콧구멍이 보일 듯 말듯한 것이 정상인데, 거의 보이지 않는 사람은 매우 이기적이며 남을 도울 줄 모르고, 반면에 콧구멍이 훤히 드러나 보이는 사람은 사치와 허영을 좋아해서 빚더미에 올라앉기 쉽고 허풍이 강해 거짓말을 잘한다. 그러나 콧구멍이 드러나 보일수록 인정이 많고 주위 사람들에게 인기를 얻기 쉽다.

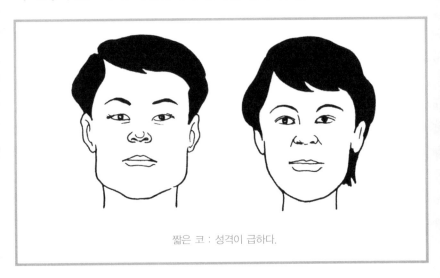

짧은 코 : 성격이 급하다.

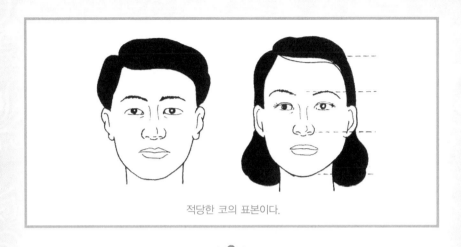

적당한 코의 표본이다.

· ● ·

콧구멍의 크기는 건강과 정력을 나타낸다

콧구멍의 크기는 건강과 정력을 나타낸다. 콧구멍이 클수록 건강도 좋고 정력도 강하며 콧구멍이 빈약할수록 좋지 않다고 본다

코의 하부에 살집이 두툼하고 양쪽 콧방울이 불그러진 모습에 입도 큼직하다면 장수의 상이다. 배포가 크고 추진력이 강하며 남성다워서 무슨 일을 하든 반드시 성공을 이끌어내는 상이다. 단, 코 전체의 모양이 반듯해야 한다.

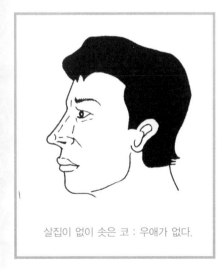

살집이 없이 솟은 코 : 우애가 없다.

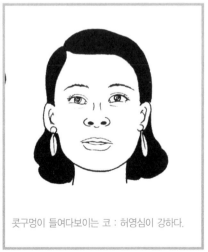

콧구멍이 들여다보이는 코 : 허영심이 강하다.

코의 길이는 키와 관계가 있다

코의 길이는 그 사람의 키와 관계가 있다. 하부의 콧방울은 남성일 경우에는 고환을 여성인 경우에는 유방을 상징하며, 코 끝은 남성인 경우에는 성기의 귀두 부분을 여성인 경우에는 심장과 음핵을 상징한다. 따라서 콧방울이 붉고 두툼해 보이고 전체적으로 코에 살집이 풍만하고 코끝이 둥그런 모습에 탄력이 좋은 남성이 훌륭한 물건을 가졌다고 볼 수 있는 것이다. 코가 빈약해 보이고 콧방울이 거의 보이지 않을 정도로 힘이 없어 보이며 콧날이 휘거나 층을 이루고 있는 남성은 늘 정력 때문에 고민을 하게 된다.

• ● •

유난히 뾰족한 코는 자존심이 강하다

코끝이 유난히 뾰족한 사람은 자존심이 극단적으로 강해서 자기의 기분을 맞추려고 주위의 희생을 요구하는 행동을 서슴지 않는다.

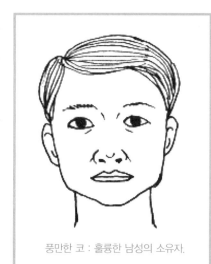

풍만한 코 : 훌륭한 남성의 소유자.

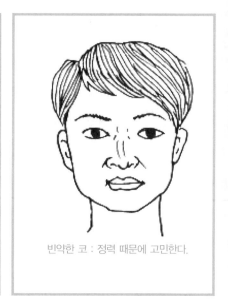

빈약한 코 : 정력 때문에 고민한다.

꺾어진 것처럼 보이는 코는 고집이 세다

콧날 중간이 튀어 올라, 꺾어진 것처럼 보이는 사람은 인생에 파란이 많고 고집이 세어서 다른 사람들과 쉽게 어울리지 못한다.

⋅●⋅

콧방울만 오뚝한 사람은 일 처리에 경솔하다

코의 상부는 눌러 놓은 것처럼 낮은데 하부의 콧방울만 오뚝 솟아 있는 사람은 애교가 있어서 누구에게나 호감을 사지만 경솔한 탓에 일 처리나 상황처리에는 미숙한 편이다.

극단적인 들창코는 머리가 좋지 않다는 것을 상징하며, 작은 코는 들창코일 경우에는 남의 말에 잘 넘어가며 사기를 당하기 쉽고 재산을 모으기도 힘들다.

흑인들처럼 코가 삼각형으로 퍼져 있는 사람은 건강과 후덕함을 갖추고 있다. 그러나 두뇌회전이 느려 늘 육체적으로 바쁘기만 할 뿐 남의 윗

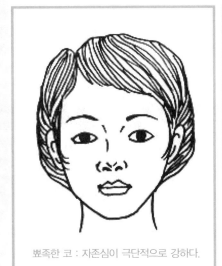

뾰족한 코 : 자존심이 극단적으로 강하다.　　　뾰족한 코 : 자존심이 극단적으로 강하다.

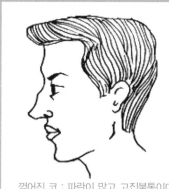

꺾어진 코 : 파란이 많고 고집불통이다.

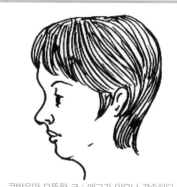

콧방울만 오똑한 코 : 애교가 있으나 경솔하다.

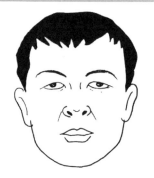

들창코 : 머리가 좋지 않다.

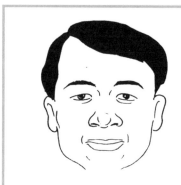

삼각형 코 : 건강하고 후덕하다.

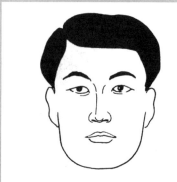

가늘고 좁은 코 : 두뇌회전이 빠르다.

굵고 넓은 코 : 두뇌회전이 느리다.

자리에 올라앉기는 어렵다. 그러나 말년 운세는 좋다.

• ● •

가늘고 좁을수록 두뇌회전이 좋다

코는 가늘고 좁을수록 두뇌회전이 좋고 이기적이며 건강이 좋지 않다. 그리고 굵고 넓을수록 두뇌회전은 느리지만 후덕하고 건강하다. 남자를 선택할 때나 여자를 선택할 때나 가장 중요하게 보는 부분 중의 하나가 코라는 것을 염두에 둘 필요가 있다.

코는 바라보기에 편안하고 믿음직해 보이는 것이 가장 좋은 상이라고 말할 수 있다. 너무 클 경우에는 지나치게 자신을 내세워 주위의 공격을 받기 쉽고, 너무 작거나 빈약할 경우에는 자신의 존재를 부각시키지 못해 늘 뒷전에서만 맴도는 형국이 되기 때문이다.

9. 입 · 입술을 보고 사람을 아는 법

입은 남성의 경우 배짱과 건강과 사업운을, 여성의 경우 자손의 유무와 부인병과 남편운을 판단하는 자료다.

입이 큰 사람

얼굴에 비하여 입이 큰 사람은 대범하고 배짱이 좋으며 추진력이 강하고 체력도 뛰어나다. 그리고 희망과 포부가 커서 사업을 일으켜도 주위 사람들이 깜짝 놀랄 정도로 큰 규모로 일을 추진하지만 반면에 실패하는 경우도 많아 생활에 기복이 심하다.

여성의 경우 입은 자궁을 뜻하는데, 입이 크다는 것은 자손을 많이 거느릴 수 있는 상으로 자식복이 있고 가문을 유지하는 역할을 감당해내기는 하지만, 마음이 너무 유순한 탓에 남자의 꼬임에 넘어가기 쉽고 스스로 생활전선에 뛰어들어야 하는 경우가 많다.

입이 작은 사람

입이 작은 사람은 소심하고 말이 많으며 행동하기보다는 말로만 일을 마무리 짓는 경우가 많고 끈기가 없다. 건강도 좋은 편은 못된다.

입이 작은 여성은 의지하기를 좋아하고 말을 잘하며 남성을 리드해서 주위 사람들의 사랑을 받기는 하지만 신경질적인 성격 때문에 상대방을 지치게 만들기 쉽다.

입이 작다는 것은 자궁이 작다는 뜻으로 자식운은 별로 좋다고 할 수 없으며 부인과질환에 걸리기 쉽다.

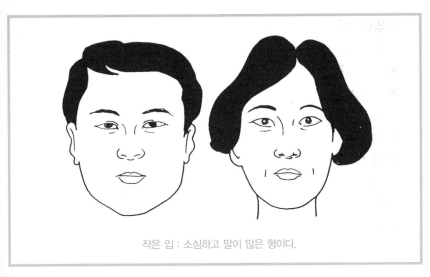

작은 입 : 소심하고 말이 많은 형이다.

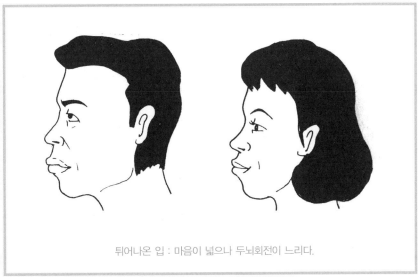

튀어나온 입 : 마음이 넓으나 두뇌회전이 느리다.

입이 튀어 나온 사람

입이 튀어 나온 사람은 마음이 넓고 이해심이 많지만 두뇌회전이 느린 편이고, 입이 너무 옹골차 보이는 사람은 두뇌 회전은 빠르지만 지나치게 이기적이다.

① 입 끝이 뾰족하게 튀어나온 사람 : 사고력이 부족하고 상황판단보다는 자기의 생각대로 말을 하기 때문에 뒷감당을 하지 못해 궁지에 몰리는 일이 많으며, 경솔하고 예의가 없어서 늘 험담의 대상이 된다. 입술의 두께는 사회적 순응도와 관계가 깊다. 두꺼울수록 순응도가 높으며 얇을수록 외톨이로 지내게 된다.

② 아랫입술보다 윗입술이 더 튀어나온 사람 : 자손 인연이 박하고 끈기가 없으며 미래에 관한 이상이나 계획에 얽매이지 않고 공상을 좋아하는 타입이다. 그러나 인정이 많아 자기보다는 남을 먼저 생각하는 경우가 많다.

③ 윗입술보다 아랫입술이 더 튀어나온 사람 : 욕심이 많고 이기적이어서 친구들과 식사를 해도 돈 계산을 하지 않는 타입이다. 윗사람과의

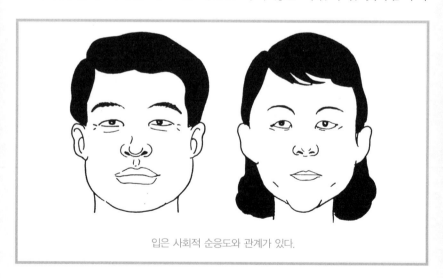

입은 사회적 순응도와 관계가 있다.

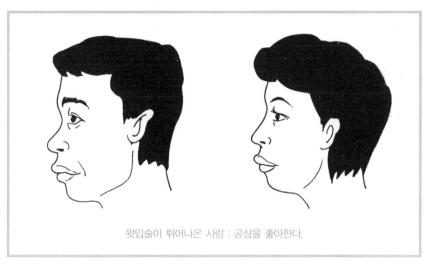
윗입술이 튀어나온 사람 : 공상을 좋아한다.

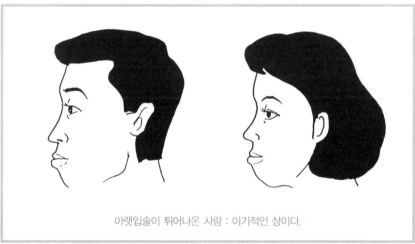
아랫입술이 튀어나온 사람 : 이기적인 상이다.

의견이 맞지 않아 직장도 자주 옮기게 된다.

④ 늘 입을 벌리고 있는 사람 : 몸이 허약하고 운세도 약해서 평생 남의 윗자리에 설 수가 없다.

⑤ 입술의 양끝이 위쪽으로 올라가 보이는 사람 : 평생 먹을 걱정을 하지 않는 식복을 타고 난 사람이며 직업도 안정성이 있다.

일반적으로 남성은 입이 크고 입술이 두터운 것이 좋고, 여성은 입이 작고 입술이 얇으며 야무지게 닫혀 있는 것이 좋다고 할 수 있다.

　입술의 색이 푸르스름하면 부인병을 앓고 있다는 뜻이며 핏기를 잃어 하얀 색을 띠고 있다면 빈혈 증세를, 지나치게 빨간색일 경우에는 음욕이 강하다고 보며 색이 고르지 않고 얼룩이 진듯이 보일 때에는 자궁이상이나 생리불순을 의심할 필요가 있다.

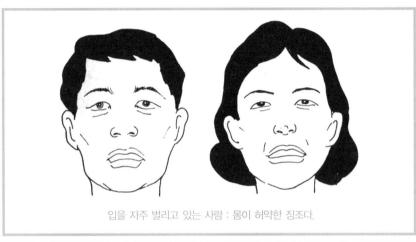

입을 자주 벌리고 있는 사람 : 몸이 허약한 징조다.

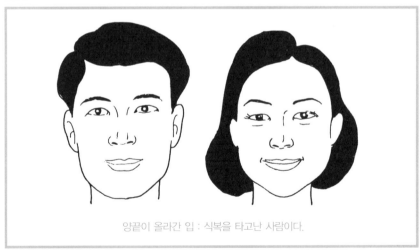

양끝이 올라간 입 : 식복을 타고난 사람이다.

10. 이를 보고 사람을 아는 법

이는 부모 · 형제 · 친척과의 관계를 판별하는 중요한 자료다. 쉽게 설명해서 보기에 아름답고 깨끗하며 고른 이를 가진 사람이 집안도 좋다고 보는 것이다

· ● ·

이는 가족 관계와 건강 등을 판단하는 자료다

이가 지나치게 하얀 사람은 먹을 복이 없고 음식을 가려 건강이 좋지 않은 상이다. 이가 고르지 않고 들쭉날쭉한 사람은 끈기가 없고 부모님과의 인연이 적다고 보며, 부모님 슬하에서 자랄 경우에는 건강상에 문제가 생기게 된다.

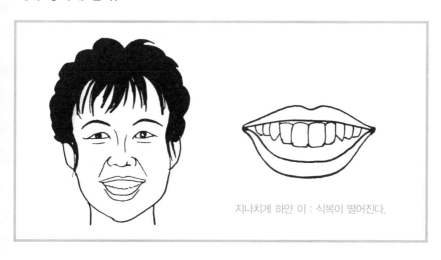

지나치게 하얀 이 : 식복이 떨어진다.

이 사이가 지나치게 많이 벌어져 있거나 여러 군데가 벌어져 있을 경우에는 형제 친척과의 인연이 좋지 않아 외롭게 지내게 된다. 특히 앞니 사이는 많이 벌어질수록 참을성도 없고 이상이 낮아서 한숨만 내쉬는 형국이 된다. 반면에 인정이 많아서 주위사람들에게는 사랑 받는 타입이다.

• ● •

길고 고른 이는 대인관계가 원만하다

이는 짧은 것보다는 긴 것이 좋고 작은 것보다는 큰 것, 들쭉날쭉한 것보다는 고른 것이 좋다. 그래야 운세는 물론 가족이나 친척, 대인 관계에서 원만한 생활을 해나갈 수 있다.

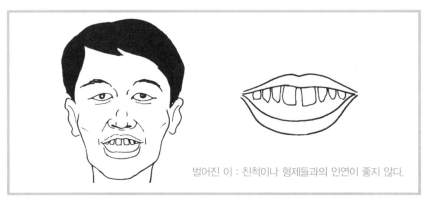

벌어진 이 : 친척이나 형제들과의 인연이 좋지 않다.

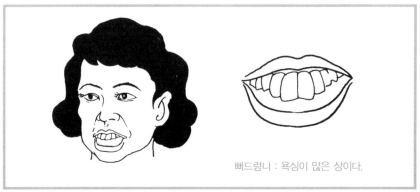

뻐드렁니 : 욕심이 많은 상이다.

이가 앞으로 튀어나온 뻐드렁니는 머리가 나빠서 사고력을 필요로 하는 일에는 적합하지 않으며 욕심이 많고 허세가 많아 감당할 수 없는 빚을 지게 된다.

이가 안쪽으로 들어간 옥니는 고집이 강하고 야무진 면이 있어서 악착스런 성격을 가지고 있다. 그러나 판단을 자기 위주로 하기 때문에 늘 모든 일을 스스로 해 나가려고 애쓰다가 사서 고생을 하는 타입이다. 남편에게는 순종을 하기보다는 요구하는 면이 강해서 초중년에 고생이 많다. 그러나 말년이 되면 그 동안 모아 놓은 재산 덕에 편안한 생활을 누릴 수 있다고 본다. 앞니의 길이가 같지 않고 한쪽이 길거나 뾰족한 모양으로 서로 다른 모습을 하고 있는 사람은 부모에게 불효하고 배우자 인연이 박하며 사업에 실패하기 쉽다.

옥니 : 고집이 세고 사서 고생하는 타입이다.

들쭉날쭉한 이 : 끈기가 부족하고 박복한 상이다.

11. 인중을 보고 사람을 아는 법

인중은 코 밑 한 가운데서 윗입술로 이어져 있는 고랑처럼 패인 부분을 말한다. 인중은 운세와 수명, 자손운, 그리고 여성인 경우에는 질의 구조를 살펴볼 수 있는 부분이다.

• ● •

인중이 짧은 사람

인중이 짧은 사람은 참을성이 없고 수명이 짧으며 이상이 낮다. 감정의 흐름에 몸을 맡기는 일이 많아 눈물이 많고 마약 같은 약물류에 중독되기 쉽다. 성격도 모난 경우가 많아 친구가 자주 바뀐다.

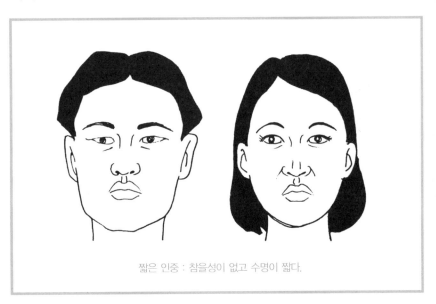

짧은 인중 : 참을성이 없고 수명이 짧다.

인중이 긴 사람

　인중이 긴 사람은 수명이 길고 참을성이 많으며 덕이 많다. 감정보다는 이성적인 판단을 중요시해서 한번 사귄 사람은 오랫동안 그 관계를 유지하려 하고 모임에서는 뒷전에서 방패가 되어 주는 역할을 맡는다.

　인중은 자세히 살펴보면 위쪽과 아래쪽의 폭이 다른 경우가 있는데, 같을 경우에는 윗사람이나 아랫사람에게 평등하게 처신하며, 위가 좁고 아래가 넓은 경우에는 아랫사람에게 많이 베푸는 성격이라고 볼 수 있다.

　여성인 경우 콧방울은 유방으로 보고 입은 자궁으로 본다고 했다. 그런데 인중을 질로 본다고 한 이유는 유방과 자궁을 이어주는 길로 보기 때문이며, 그런 이유에서 인중의 윤곽이 뚜렷하고 고랑이 깊이 패어 있을수록 질의 수축력이 강하다고 보고, 고랑이 거의 없는 것처럼 펴져 있을 경우에는 질 또한 느슨하다고 보는 것이다.

　그러나 자손에 관한 설은 그 반대다. 인중이 깊은 여자보다는 퍼진 여자를 다산의 상이라고 본다.

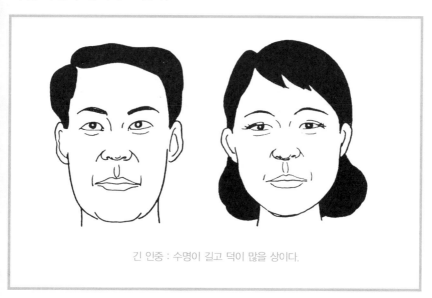

긴 인중 : 수명이 길고 덕이 많을 상이다.

윗입술이 말려 올라간 사람은 시기심이 많다.

윗입술이 말려 올라가거나 인중이 휘어 있는 사람은 시기심이 많고 허풍이 심해 남이 잘 되는 꼴을 보지 못하는 사람이며 끈기가 없다. 이런 사람은 중년 이후에나 운세가 좋아진다고 볼 수 있다.

• ● •

인중에 수염이 그득하면 후덕하다

남성인 경우, 인중에 수염이 그득한 사람은 후덕하고 이해심이 많아 출세가 빠르다고 보며 반대로 수염이 거의 없는 사람은 성공이 더디다. 인중이 길고 윗입술이 말려 올라가지 않은 사람은 대인관계가 좋아서 늘 도와 주는 사람이 붙어 있는 상이다.

• ● •

인중에 점이 있는 여성은 성격이 밝지 못하다

여성인 경우에는 수염이 아닌 점을 중요하게 보는데, 인중에 점이 있

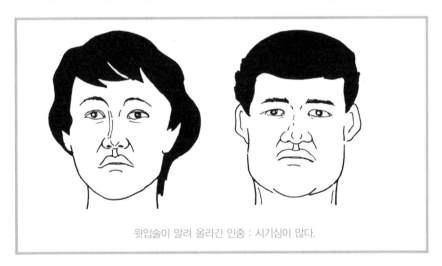

윗입술이 말려 올라간 인중 : 시기심이 많다.

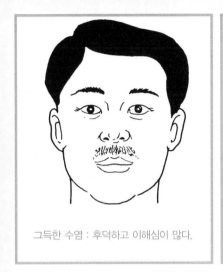

그득한 수염 : 후덕하고 이해심이 많다.

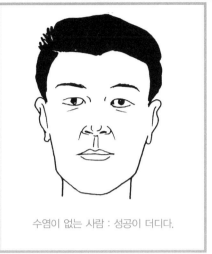

수염이 없는 사람 : 성공이 더디다.

는 경우 어느 위치에 있든 밝은 성격이라고는 보기 어렵다. 대부분 음기가 강해서 연예인이나 술집 계통에서 일을 해야 어울리는 상이다.

• ● •

인중이 깊은 사람은 사고력이 뛰어나다

인중은 웃을 때는 펴지고 고민할 때는 고랑이 깊이 패인다. 즉, 인중의 고랑이 깊은 사람은 사고력이 뛰어난 대신 정신적인 고통이 많으며, 인중이 펴진 사람은 생각없이 일을 저지르기는 하지만 인생을 편히 사는 타입이다. 인중이 있는 윗입술은 늘 이에 붙어 있어야 좋은 상이다. 윗입술이 말려 올라간 사람이 허풍이 심하고 시기심이 많다는 이유는 입술과 이 사이가 떠서 바람이 통하는 형국이고 또한 하늘의 운세를 받아들이는 길목이 차단된 것과 같은 꼴이기 때문에 입안에 바람이 들어 허풍이 심하다고 보기 때문이다.

12. 귀를 보고 사람을 아는 법

귀는 사회활동과 초년의 운세, 두뇌회전을 판단하는 자료이다. 귀는 일반적으로 눈을 기준으로 높은 곳에 위치할수록 좋고 낮은 곳에 위치할수록 안정된 생활을 한다고 본다. 둘 다 같은 말인 것 같지만 그렇지 않다.

좋다는 것은 남의 이야기에 귀를 기울여 자기 것으로 받아들이는 능력이 뛰어나고 두뇌회전이 빠르기 때문에 사업적인 면에서 성공을 거두기 쉽다는 뜻이고, 안정된 생활을 한다는 것은 비록 가난하고 두뇌회전이 느리기는 하지만 그것에 만족하고 살아간다는 뜻이다.

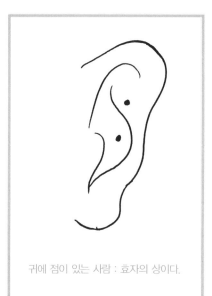

귀에 점이 있는 사람 : 효자의 상이다.

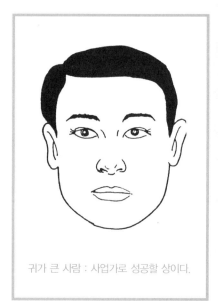

귀가 큰 사람 : 사업가로 성공할 상이다.

귀가 큰 사람은 사업운이 좋다

귀가 크고 위쪽으로 붙어 있으면 사업가로서 성공할 수 있는 상이며, 귀가 작고 아래쪽으로 붙은 사람은 위험한 일에 처하게 되는 경우가 많고 마음이 소심하다.

귀는 단단하고 야무져야 운세도 좋다

정면에서 보았을 때 귀의 폭이 넓은 경우(좌우로 뻗쳐 있는 경우)에는 남의 말에 귀를 기울이기는 잘하지만 남모르게 고민을 많이 하는 상이라고 할 수 있고, 폭이 좁은 경우(뒤로 누워 있는 경우)에는 남의 말을 무시하고 스스로의 판단에만 의지하다가 일을 엉망으로 그르치기 쉬운 상이다.

귀는 단단하고 야무져야 운세도 좋다고 본다.

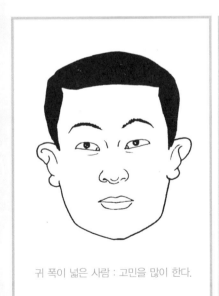
귀 폭이 넓은 사람 : 고민을 많이 한다.

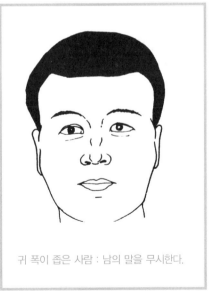
귀 폭이 좁은 사람 : 남의 말을 무시한다.

귓밥은 인격을 상징한다

귓밥은 인상학에서 지륜(地輪)이라고 하는데 인격을 상징한다. 귓밥이 큰 사람은 후덕하기는 하지만 경쟁력에서 뒤져 손해를 보는 경우가 많고 귓밥이 없는 사람은 지나치게 이익을 챙겨 주위에 믿을 만한 사람이 없다. 남자는 귀가 커야 큰 일을 할 수 있고 여자는 귀가 작아야 만족하며 살 수가 있다.

얼굴에 비해 귀가 늘 불그레하게 홍조를 띠고 있는 사람은 혈액순환이 좋다는 뜻이므로 건강을 상징하며 이성을 좋아한다고 본다. 여성인 경우에는 몸이 뜨겁다고 보며 남성인 경우에는 음낭이 차다고 보는데, 이것은 정력과 관계가 있다는 말이다.

귀에 점이 있는 사람은 효자의 상이다

귀에 점이 있는 사람은 효자인 경우가 많다. 처음에 귀는 초년운을 본다고 했는데, 점은 보통 좋은 쪽보다는 나쁜 쪽으로 많이 해석되지만, 귀의 경우는 그것을 좋은 쪽으로 보아 부모에게 허리를 굽히는 상이라 하여 효자라고 보는 것이다.

13. 어깨를 보고 사람을 아는 법

어깨가 두툼하고 목 양쪽의 살이 솟아오른 사람은 당연히 체격이 좋은 상으로 힘을 갖추고 있다 해서 마음이 넓다고 본다. 어깨의 모양이 반듯하고 힘이 있어야 한다.

· ● ·

어깨는 건강과 운세를 나타낸다

어깨가 솟은 듯이 양쪽 끝이 올라간 사람은 두뇌회전이 느리고 자신을 과신해서 늘 싸움을 몰고 다니는 형국이라 평생 가난을 면하기 어렵다. 어깨가 솟았다는 것은 움츠린 모습과 같기 때문에 불평불만을 내세우는

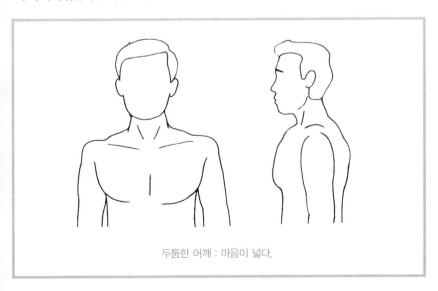

두툼한 어깨 : 마음이 넓다.

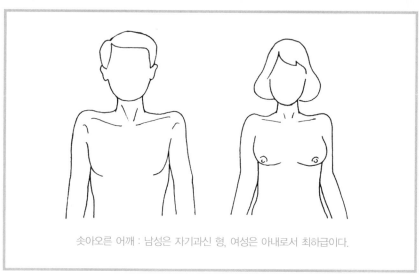

솟아오른 어깨 : 남성은 자기과신 형, 여성은 아내로서 최하급이다.

저신 어깨 : 염세주의자의 상징이다.

경우가 많고 목덜미에 살이 없어 능력은 부족하기 때문에 괜히 시비만 일으키는 꼴이기 때문이다.

여성인 경우 어깨가 솟아 있으면 상극(上剋), 즉, 남편을 극하고 윗사람을 극한다 해서 아내로서의 최하의 상으로 보며, 성격 또한 과격해서 여러 사람들 앞에서도 옷을 벗고 설칠 정도로 매우 안 좋은 상으로 본다.

어깨가 처졌다는 말이 있는데, 이처럼 양쪽 어깨가 힘이 없어 보이는 사람은 무슨 일에나 자신감이 없고 염세주의적인 사고방식에 사로잡혀 늘 스스로를 비판하며 사는 불행한 운세다.

그러나 순종하기를 잘해서 아랫사람으로서의 역할에는 최선을 다하는 스타일이다.

어깨가 앞으로 굽은 것처럼 곡선을 이루고 있는 사람은 성질이 급하고 초조해서 쓸데없이 이것저것 벌여 놓고 다니다가 후회만 하는 상이고, 어깨가 너무 뒤쪽으로 제껴져 가슴이 유난히 튀어나와 보이는 사람은 남의 말에 귀를 기울이지 않아 혼자서만 고민하는 상이다.

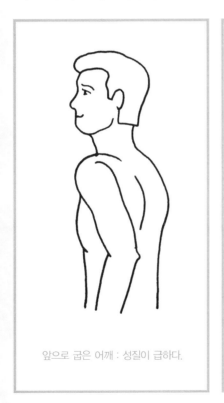

앞으로 굽은 어깨 : 성질이 급하다.

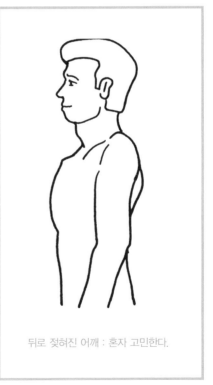

뒤로 젖혀진 어깨 : 혼자 고민한다.

안정된 걸음걸이가 운세도 바꾼다

길을 걸을 때 춤을 추듯 어깨가 흔들리는 사람은 경솔해서 무슨 일이든 제대로 처리하지 못하며, 어깨는 움직이지 않지만 몸이 위아래로 움직여 파도가 치는 것처럼 걷는 사람은 가정이 안정되어 있지 않다는 증거다.

어깨는 걸음걸이에 따라 크게 좌우된다. 길을 걸을 때 의식적으로 안정된 걸음걸이를 연습한다면 운세도 바뀔 수 있는 것이다.

여성인 경우에 어깨가 흔들리는 사람은 쉽게 남자에게 몸을 허락하는 상으로, 설사 결혼을 한다 해도 추문이 끊이지 않을 것이다. 어깨는 반듯하고 안정을 유지하고 있어야 좋은 상으로 본다.

14. 목을 보고 사람을 아는 법

굵고 짧은 남성의 목은 건강과 힘을 상징하고, 길고 가는 복의 여성은 미인의 상징이다.

• ● •

목이 굵은 남성은 건강을 상징한다

목이 굵은 남성은 정신노동자보다는 육체노동에 어울리며 운동선수로도 대성할 자질을 갖추고 있다. 호흡기 계통의 이론으로 볼 때도 콧구멍이 크고 입이 크며 목이 굵고 가슴이 넓은 사람은 당연히 건강하게 되어 있는 것이다. 목은 짧을수록 건강을 상징하며 힘을 상징한다.

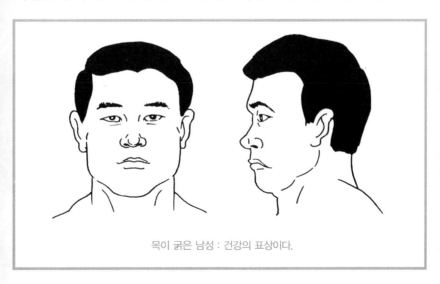

목이 굵은 남성 : 건강의 표상이다.

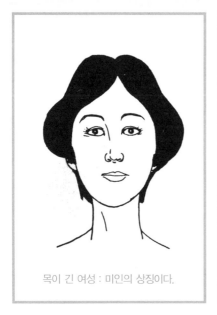

목이 긴 여성 : 미인의 상징이다.

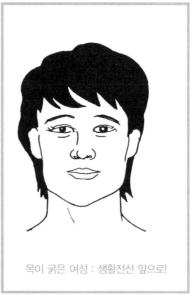

목이 굵은 여성 : 생활전선 앞으로!

목이 길고 가늘수록 미인이 많다

목이 긴 남성은 식성이 짧은 편이고, 그 대신 자주 먹는다. 두뇌회전이 좋고 멋을 좋아해서 여성을 탐닉하기는 하지만 정력이 그것을 따라주지 못해 몸을 망치는 경우가 있다.

여성인 경우 목이 길고 가늘수록 미인이 많고 여성적인 섬세함을 갖추고 있다.

여성의 목이 굵고 짧을 경우에는 남편 대신 생활전선에 뛰어들어 돈을 벌어야 할 상으로 좋게 보지 않는다.

15. 가슴을 보고 사람을 아는 법

가슴이 두껍고 넓은 남성은 큰일을 도모하지만, 여성의 경우에는 빈상으로 여긴다.

• ● •

가슴이 두꺼우면 폐활량이 좋다

가슴이 두꺼운 사람은 폐활량이 좋아 건강한 체격을 유지한다. 식성도 좋고 정력도 좋아 미인을 아내로 맞이하는 경우가 많고 모임에서 앞장서는 주역이 된다.

가슴의 두께가 얇은 사람은 건강상에 문제가 있으며 체격이 빈약하고 호흡기 계통의 병을 조심해야 한다.

가슴이 넓은 사람은 마음도 넓다고 보며, 가슴이 좁은 사람은 소심하고 겁이 많아 큰 일을 하기에는 부족하다.

여성인 경우에는 가슴이 두꺼우면 빈상(가난한 상)으로 본다. 욕심은 많고 충족시킬 재능이 뒤떨어지기 때문에 헛고생만 하게 되고 늘 가난에 허덕이는 상이다.

어떤 경우에든 동양철학은 음양오행사상을 근본으로 이루어진 것이다.

남성은 크고 두껍고 굵고 힘찬 것이 좋으며, 여성은 작고 얇고 가늘고 부드러운 것이 좋다고 보기 때문에 인상·체형학에서도 그것을 기준으로 삼는 것이다.

16. 유방을 보고 사람을 아는 법

유방의 탄력이 좋고 적당히 풍만하며 봉긋이 솟아 있는 여성이 가장 좋은 상이라고 본다.

· ● ·

유방의 크기와 모양으로 여성을 알 수 있다

유방은 여성에게서 가장 중요한 부분의 하나로 쉽게 간과할 수 없는 부분이다.

마치 낭떠러지처럼 유방이 거의 없는 여성은 자손의 덕을 보기 어렵고 남편운도 좋지 않아 스스로 생활전선에 뛰어들어 돈을 벌어야 하는 경우

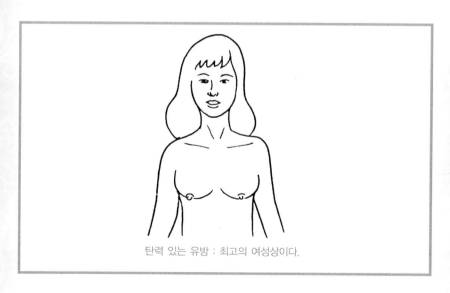

탄력 있는 유방 : 최고의 여성상이다.

가 많다. 반면에 머리는 좋은 편이어서 어떤 남자를 만나느냐에 따라 그 운세는 바뀔 수 있다고 본다.

유방이 지나치게 큰 여성은 자손을 많이 둘 상으로 덕이 많고 마음이 넓기는 하지만 남자에게 쉽게 몸을 허락하는 상이고 두뇌회전이 좋다고

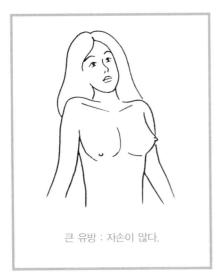

큰 유방 : 자손이 많다.

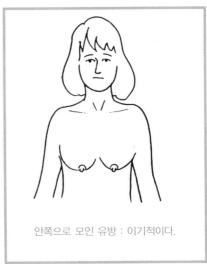

안쪽으로 모인 유방 : 이기적이다.

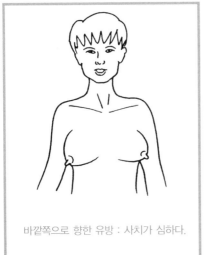

바깥쪽으로 향한 유방 : 사치가 심하다.

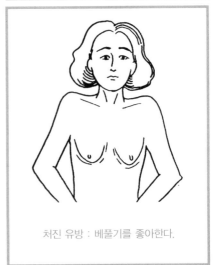

처진 유방 : 베풀기를 좋아한다.

볼 수 없다. 그러나 남편을 뒷바라지해서 편하게 만들어 주는 후덕함이 넘쳐 가정을 원만한 분위기로 이끌어간다.

남자의 손안에 자연스럽게 들어오는 유방을 가진 여성은 머리도 좋고 마음 씀씀이도 객관적이어서 좋은 집안을 꾸려나갈 수 있으며 남성을 성공시킬 수 있는 상이다.

유방이 처진 여성은 늘 육체적 피로에 시달리며 정조관념이 희박해 어디서나 실수를 저지르기 쉽다. 그러나 베풀기 좋아하고 어울리기를 좋아해 친구들이 끊이지 않는 상이다.

유방이 안쪽으로 모여 있는 여성은 이기적이고 질투심이 강해 남성을 피곤하게 만들며, 자기도 하지 못하는 일을 남에게 강요해 그것을 비판하는 천박한 상이다.

유방이 바깥쪽을 향해 좌우로 벌어져 있는 여성은 극단적으로 남자를 밝혀 전혀 수치를 느끼지 않고 아무 곳에서나 옷을 벗어 던지는 스타일이다. 또한 사치와 허영이 심해 쓸데없는 물건을 사들이거나 남자와 놀러 다니기 위해 빚까지 낼 정도로 유흥을 즐긴다.

17. 유두 · 유륜을 보고 사람을 아는 법

남성의 유두와 유륜은 대체적으로 정력과의 상관관계를 나타내고 여성의 유륜은 자식운을 나타낸다고 할 수 있으며, 유두의 크기 또한 마찬가지이다.

• ● •

남성의 유두가 크면 정력도 강하다

남성인 경우, 유두는 정력과의 상관관계를 나타낸다.

유두가 크고 유륜(젖무리, 유두 주위의 둥근 부분)도 크면 정력도 그만큼 강하다고 볼 수 있으며, 유두가 작고 유륜이 작으면 정력도 그만큼 약

유두가 크면 활동적이다.

하다고 보는 것이다. 이것은 아들을 낳느냐 딸을 낳느냐 하는 문제와도 관계가 있어서 전자는 아들, 후자는 딸을 두는 경우가 많다. 확률이 그렇게 높은 것은 아니지만 참고할 필요가 있다.

· ● ·

여성의 유두가 크면 활동가 타입이다

여성인 경우, 유두가 크면 다사의 상으로 마음이 넓고 호탕해서 남자 못지 않은 활동가가 될 수 있다. 유두가 크다는 것은 유방이 큰 것과는 관계없는 것이다. 마치 소녀처럼 유두가 작은 여성은 자궁의 발달이 좋지 않다고 보며 난산의 우려가 있고, 설사 자식을 낳는다 해도 한두 명이 고작이다. 또한 남편운이 좋지 않아 불안에 떨며 살게 되는 경우가 많다.

· ● ·

여성의 유두에 힘이 없으면 음기가 강하다

젊은 여자가 유두에 힘이 없고 흐물흐물한 경우에는 음기가 강하다고

유두에 힘이 없으면 음기가 강하다.

보며, 그것을 충족시키기 위해 물불을 가리지 않고 남성을 요구한다. 또한 그 때문에 동성애에 빠지거나 약물을 남용할 우려도 있으며 건강상에도 문제가 있다.

· ● ·

유륜이 크고 넓을수록 다산의 상이다

여성과 자식의 관계는 유륜의 크기로 알아 볼 수 있다. 유륜이 크고 넓을수록 다산의 상이고, 유륜의 지름이 작을수록 아이를 적게 낳는다고 본다.

· ● ·

유방이 작은 유두함몰형은 명기의 소유자

보통 때에는 유두가 유방 안으로 들어가 있다가 추위를 느끼거나 흥분을 하게 되면 밖으로 나오는 유두함몰형의 여성은 유방이 클 경우에는 유방암이나 부인병의 위험이 높고, 유방이 작을 경우에는 멋진 명기의 소유자로 본다. 단, 빈혈이 있을 가능성이 높다.

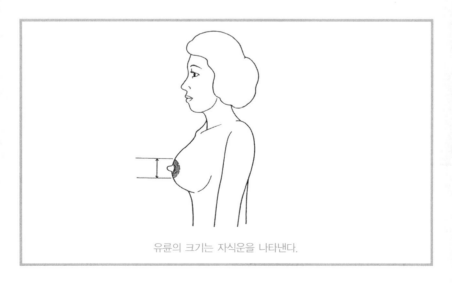

유륜의 크기는 자식운을 나타낸다.

90

18. 둔부(엉덩이)를 보고 사람을 아는 법

둔부는 힘과 비례하고 기민성과 반비례한다. 둔부는 힘과 비례하고 기민성과 반비례한다고 보는 것이 일반적이다. 남성은 어깨보다 둔부가 작아야 하고 여성은 어깨가 작은 것이 보통인데, 이것은 골반의 크기와 관련이 있다는 건 누구나 알고 있는 사실이다. 체형학(몸의 생김새를 연구하는 분야)이나, 인상학에서 둔부는 남성일 경우에는 스태미나를, 여성일 경우에는 성격과 자손 관계를 살펴보는 자료다.

· ● ·

남성의 둔부는 하체의 탄력과 스태미나를 상징한다

남성의 경우, 흔히 오리궁둥이라고 불리는, 뒤쪽으로 튀어나온 큼직한 둔부는 하체의 탄력과 강한 스태미나를 상징한다.

그러나 상체에 비해 지나치게 둔부가 큰 경우에는 체형학에서 볼 때 중심 부위인 둔부는 집안의 창고를 상징하는 것이기 때문에, 그 창고를 채우기 위해 부단히 노력하다 보니 자연스럽게 이기적인 성격을 가질 수밖에 없다.

남성의 둔부가 거의 없는 것처럼 빈약한 경우에는 성격이 소심하고 몸이 고달파서 늘 잔병에 시달리고, 하는 일에서도 자기 만족을 얻기 어렵다. 창고가 비어 있는 형국이므로 가난한 생활을 면하기 어렵다. 어깨보다 약간 작은 듯, 강한 탄력을 지니고 있는 엉덩이가 가장 이상적이라고 말할 수 있다.

여성의 둔부는 성격을 상징한다

여성인 경우, 지나치게 큰 둔부는 게으른 성격을 상징하며 자기 만족만을 내세워 마음에 드는 일에는 돈 씀씀이가 헤프고, 그렇지 않은 경우에는 매우 인색해서 객관적인 판단보다는 주관적인 판단을 우선하기 때문에 대인관계를 쉽게 망가뜨리는 경우가 흔하다. 그러나 배포가 있고 인심이 좋아서 남에게 빚을 지고도 전혀 미안한 생각을 가지지 않는 여유를 가진 사람이다.

둔부가 빈약한 여성은 남편복이 없어서 스스로 돈을 벌어야 생활을 꾸려나갈 수 있으며, 육체적 피로도 많이 누적되어 잔병치레가 많다.

자손운도 좋지 않아서 고생해서 기른 자식이 그 공을 모르게 되는 경우가 많은데, 이것은 자신의 신경질적인 성격 때문이니 그것을 탓할 것은 못된다.

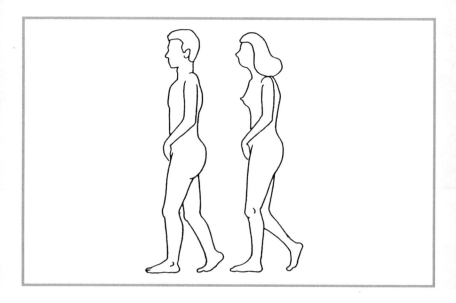

92

처진 둔부는 질병과 관계가 있다

둔부가 나무판처럼 편평한 사람은 남녀를 불문하고 운이 희박하다고 보며, 둔부가 축 처진 사람은 신경통이나 류머티즘, 관절염 같은 질병을 앓고 있다고 보면 거의 틀림없다.

올라붙은 엉덩이는 마무리에 약하다

서양사람들처럼 엉덩이가 올라붙은 사람이 있는데, 이것은 창고가 넘치는 상으로 보기 때문에 문단속을 제대로 할 수 없다는 뜻, 즉 일은 크게 벌여 놓고 마무리를 짓지 못하는 성격으로 본다.

19. 팔을 보고 사람을 아는 법

팔은 손재주의 범위를 나타낸다. 팔은 그 사람의 손재주의 범위를 나타낸다. 팔이 길면 그 범위가 넓어진다는 뜻이다.

・●・

팔이 길면 잔재주가 많다

팔이 긴 사람은 잔재주가 많아서 이것저것 손대기를 좋아하지만 한 가지 재능을 완벽하게 갖추는 경우는 드물고, 성격도 곧잘 화를 내고 또 쉽게 풀어진다고 본다.

팔이 짧은 사람은 잔재주는 별로 없지만, 재산을 모으거나 두뇌회전을 요구하는 일에 민감해서 참모격으로 적당하다. 성격은 이기적인 면이 강하고 금전 관계에서 확실한 것을 좋아한다.

・●・

여성의 팔은 사회활동과 관계가 있다

여성인 경우에는 팔이 길면 재주가 없고 남성적인 성격이기 때문에 사회활동을 하는 것이 좋고, 팔이 짧으면 손재주가 좋고 아기자기한 것을 좋아하기 때문에 집안 살림을 하는 것이 좋다.

20. 손을 보고 사람을 아는 법

손은 매우 중요한 판단자료다. 수상학이라는 분야가 따로 있을 정도로 중요하게 여기는 부분인데, 여기에서는 손의 생김새만 판단하기로 한다.

• ● •

손의 생김새

손가락 사이를 붙여서 내밀었을 때, 그 사이가 벌어지지 않고 살집으로 단단히 메워져 있는 사람은 금전적으로 윤택한 생활을 누릴 수 있고 무슨 일이나 빈틈없이 처리한다.

손가락 사이가 구멍이 난 듯 듬성듬성 벌어진 사람은 철학적 사고력이 풍부해 판단력을 요구하거나 연구하는 분야에는 어울리지만 금전적으로는 궁핍하게 지낸다.

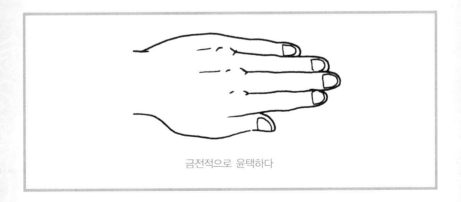

금전적으로 윤택하다

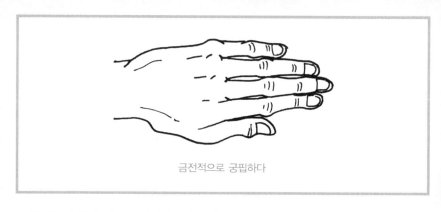

금전적으로 궁핍하다

몸에 비해 손이 큰 사람은 하고자 하는 욕구는 강하지만, 그것을 밀어 주는 집안(몸)이 빈약한 상이기 때문에 심신은 고달파도 만족스런 생활을 하기는 어렵다.

· ● ·

손의 두께는 재력과 건강을 상징한다

도박심리가 강하다

손이 두툼한 사람은 매우 건강해서 비록 집안은 가난했다 해도 자수성가할 수 있는 타입니다. 손이 얄팍한 사람은 몸이 약하고 의지가 약해서 무슨 일을 하든 끝까지 해치우는 경우가 없다. 자유직업을 가지거나 장사를 하는 것이 어울린다.

엄지손가락은 도박과 인정을 알아보는데, 엄지손가락을 세워서 한껏 뒤로 제쳤을 때 전혀 제쳐지지 않고 꼿꼿이 서 있는 사람은 모든 면에서 중립을 유지하는 성격으로 인간미는 별로 없다고 볼 수 있다. 엄지손가락 끝마디가 90도로 꺾일 정도로 완전히 제쳐지는 사람은 도박심리가 강하고 다혈질이기 때문에 열심히 노력해서 쌓아놓은 인간관계를 단 한 번의 실수로 모두 잃게 되는 경우가 많다. 그러나 인정은 많아서 주위에는 늘 사람이 끊이지 않는다.

• ● •

내미는 손으로 그 사람의 성격을 판단한다

사람을 처음 만났을 때 그 사람의 성격을 알아보고 싶으면 손을 내밀어 보라고 한다.

단풍잎처럼 짝 펴서 내미는 사람은 성격이 호탕하고 씀씀이도 헤픈 편이지만 겉치레를 중시하는 흠이 있다.

엄지손가락만 떼고 나머지 손가락은 붙여서 내미는 사람은 모든 일에 신중한 편이고 평범한 사고방식을 가진 사람이다.

엄지손가락까지 붙여서 곧게 편 손을 내미는 사람은 남에게 의지하는

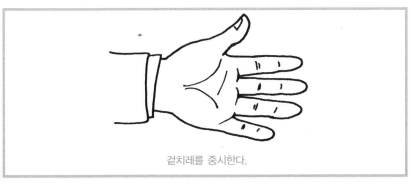
겉치레를 중시한다.

이기적인 형

소심한 형

면이 강하고 약간 이기적인 속성을 가지고 있지만 자기가 책임진 일은 무슨 일이 있어도 반드시 달성하는 성실한 사람이다. 단, 남의 윗자리에서 리드하기는 어렵다.

엄지손가락을 손바닥쪽으로 꺾어 넣고 네 손가락을 펴서 내미는 사람은 좀처럼 본심을 털어놓지 않는 타입으로 서로 믿고 거래하기는 어려운 사람이다. 단, 이기적인 면이 강해서 절대로 손해를 보지 않는다.

손을 펴지 않고 구부린 상태로 내미는 사람은 소심하고 육체적으로도 허약해서 정신적 불안 상태가 심한 사람이다. 금전적인 면에 지나치게 치우쳐 주위에 친구가 없는 것이 보통이다.

21. 다리를 보고 사람을 아는 법

다리는 집안의 기둥을 의미한다. 다리가 튼튼하면 안정된 생활을, 빈약하면 지나친 이상 때문에 갈등을 많이 겪는 것으로 판단할 수 있다.

· ● ·

굵직한 다리는 안정된 생활욕의 상징이다

전체적으로 굵직한 다리는 안정된 생활을 좋아하고 운도 좋아서 아내덕도 있다고 볼 수 있다.

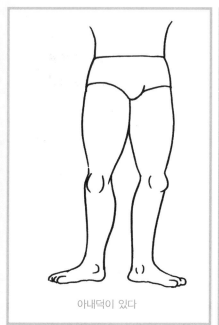

아내덕이 있다

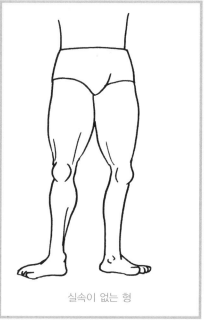

실속이 없는 형

허벅지는 굵은데 종아리가 가는 사람은 기둥은 튼튼하지만 지반이 약한 형국이라서 이것저것 욕심은 많이 부려도 제대로 거두지를 못하는 타입이다.

· ● ·

종아리가 굵은 남자는 정력이 뛰어나다

허벅지는 보통인데 종아리가 유난히 굵직한 사람은 정력이 뛰어나고 여자를 밝힌다고 볼 수 있다. 옷이나 장식품 같은 사치스런 것들보다는 내실을 중요시해서 수수한 타입이기는 한데 지나치게 자기주장이 강해 사람들에게 기피당하는 경우가 많다.

전체적으로 빈약한 다리는 정신노동을 의미해서 두뇌회전은 빠르지만 실행 능력에서 뒤지기 때문에 늘 공상만 하는 타입이다.

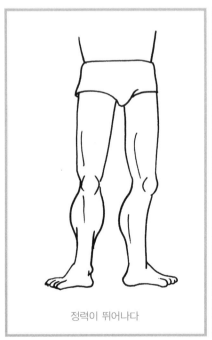

정력이 뛰어나다

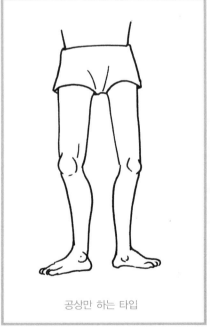

공상만 하는 타입

발목이 가는 여성은 섬세한 성격의 소유자다

발목이 가는 여성은 성격이 섬세하고 인정이 많아서 남편의 내조는 물론 집안살림을 꾸리는 데 빈틈이 없다. 다리는 그 자체로만 판단하는 것이 아니다. 상체와의 조화가 무엇보다 중요하므로 그 점을 참고해야 한다. 여성인 경우에는 발목을 중요하게 보는데, 발목이 굵은 여자는 뼈대도 굵어서 남성적인 성격을 가진 사람이 많아 사랑받고 살기보다는 스스로 뛰어다녀야 하는 고달픈 인생을 보내게 된다.

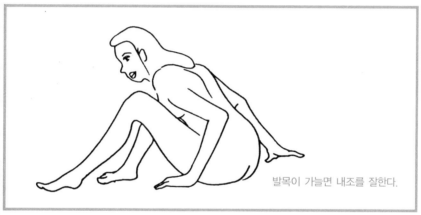

발목이 가늘면 내조를 잘한다.

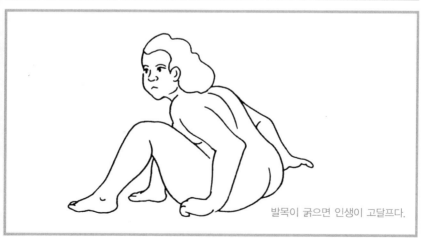

발목이 굵으면 인생이 고달프다.

22. 발을 보고 사람을 아는 법

발은 주춧돌과 같은 것이다. 체형학에서는 건강과 직결되는 부분이고, 족상학(발의 생김새와 발바닥의 무늬를 보고 운세를 판별하는 학문)이라는 분야가 따로 있을 정도로 운명감정에 있어서 중요한 자료다.

• ● •

발은 건강과 직결된다

키가 큰 사람이 발이 큰 것은 당연하다고 보아야 하며, 발이 큰 사람이 위장이 큰 것도 당연하다고 보아야 한다. 이 점을 염두에 두고 읽기 바란다.

발의 살집이 약해서 뼈가 불거져 보이는 사람은 심신이 고달프고 내장

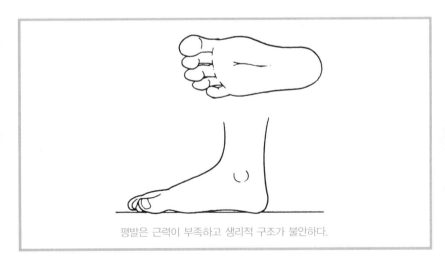

평발은 근력이 부족하고 생리적 구조가 불안하다.

이 튼튼하지 못해 내과 계통의 병을 앓기 쉽다. 발의 살집이 지나치게 풍부한 사람은 비뇨기과 계통의 병을 앓을 우려가 높고 특히 신장병을 주의해야 한다.

이런 사람은 대부분 살찐 체형이 많아 위장을 늘려서 배가 나온 경우가 대부분이다.

몸에 비해 발이 지나치게 큰 사람은 왕성한 활동가로 늘 바쁘게 돌아다니면서 동분서주하지만 대인 관계가 원만한 중개인 역할일 뿐 실속은 없다.

몸에 비해 발이 지나치게 작은 사람은 사치와 허영을 좋아하고 멋내기를 즐겨 실생활보다는 문화생활에 더 신경을 쓰는 타입이다.

흔히 평발이라고 하는, 바닥이 편평한 발은 근력이 부족하고 내장 기능이 좋지 않아 신장이나 소장, 대장쪽의 병을 앓을 가능성이 높고, 비뇨기과 계통의 기능이 발달하지 않아 생리적 구조가 불안한 상태인 경우가 많다.

· · ●　·　·

발의 생김새로 남성의 성기를 판단할 수 있다

발의 모양은 손과 함께 남성의 팬티 속을 들여다 볼 수 있는 중요한 자료다.

폭이 좁고 긴 발은 가늘고 긴 성기를, 폭이 넓고 짧은 발은 굵고 짧은 성기를 의미한다고 생각하면 된다. 특히 발등의 두께가 두껍고 폭이 넓으며 살집이 튼실해 보이는 발이 가장 멋진 성기의 소유자라고 보면 거의 틀림없다.

흔히 코를 보면 남성의 성기를 판단할 수 있다고 하는데, 그것보다는 발과 손의 생김새를 관찰하는 것이 확률이 더 높다. 단, 콧방울은 고환과 자손운을 살펴보는 데는 가장 높은 확률을 가지고 있기는 하다.

02
점의 의미

점을 보고
사람을 아는 법

우리 몸에 있는 점들은 각각 어떤 의미를 가지고 있고,
얼굴에 있는 점은 인상학에서 매우 중요시하는 자료다.
여기에서는 얼굴뿐 아니라 몸 전체를 살펴보는 것으로
점에 대한 기초적인 의미를 알아보고자 한다.

얼굴 각 부위의 명칭

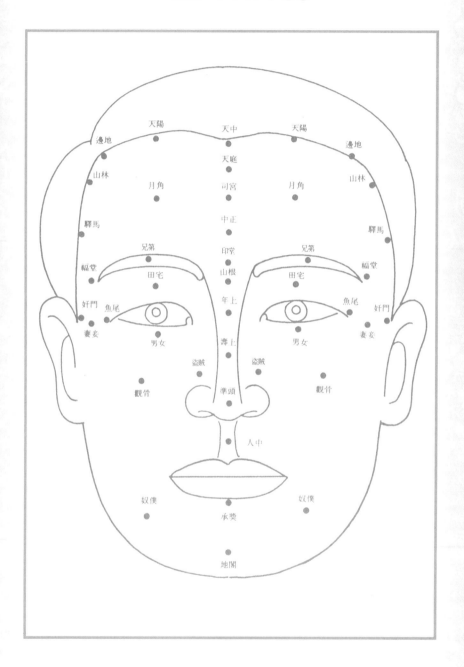

1. 이마에 있는 점을 보고 사람을 아는 법

천양(天壤)은 양쪽 눈동자 중앙에서 곧장 위로 올라가 머리숱 바로 아래에 위치한 지점을 말하는데, 이곳에 점이 있는 사람은 20대 초반에 뜻밖의 재난을 당하게 된다. 즉, 대학교를 졸업하지 못하거나 졸업한 뒤에 직장 문제로 고민을 한다는 뜻이고, 부모님 중의 한 분을 일찍 여의게 되거나 집과 떨어져 살 수 있다는 것이다.

신광(神光)에 점이 있는 사람은 운세에서 가장 중요한 이마의 양 옆을 훼손당한 것과 같아서 자신의 빛을 발하지 못한다고 보며, 그 때문에 사회적으로도 가정적으로도 불안한 상태에 놓이는 일이 많다.

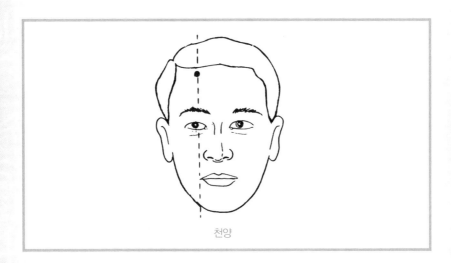

천양

천중(天中)은 얼굴 정가운데의 머리숱이 나 있는 부분인데, 이곳은 사람에 따라 약간씩 다른 모습을 보인다. 머리숱이 둥글게 생긴 사람은 천중의 피부가 드러나 보이는데, 이럴 경우 하늘의 운기를 받아 떠받드는 격이기 때문에 운세도 좋고 일찍 성공할 수 있다. 단, 사마귀나 점이 없어야 한다.

그런데 머리숱이 뾰족하게 내려와 천중이 가려져 있는 사람은 자존심이 강하고 윗사람을 극하는 격으로 보아 자수성가할 타입이고 직장생활은 맞지 않으며 고집이 세서 남에게 지는 것을 극단적으로 싫어한다. 단, 자기가 한 일은 어떤 경우라도 책임을 지려 한다.

뾰족한 머리숱이 둘 이상 내려와 마치 파도치듯 생긴 이마는 직업도 여러 번 바꾸고 결혼도 두 번 이상 해야 하는 운세며 마음이 맞는 사람이 없어서 늘 외톨이로 지내야 할 운이다. 단, 천중은 주로 10대 후반의 생

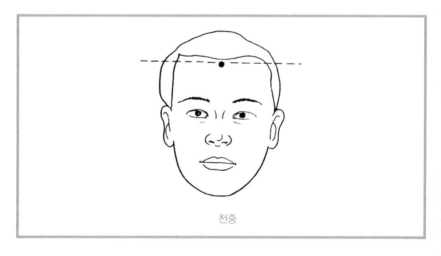

천중

활을 엿보는 부분이기 때문에 결혼운만 제외하면 30대 이후에는 괜찮다고 판단할 수 있다.

천정(天庭)에 점이 있는 사람은 중심되는 윗사람이 해를 당한 형국이

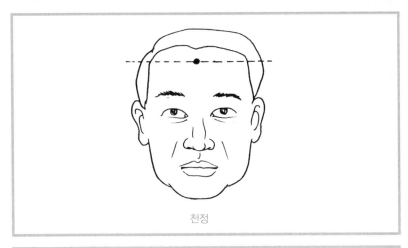

천정

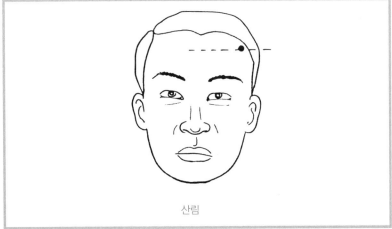

산림

라 해서 대학에 진학하기 어렵고, 만약 진학할 경우에는 10대 후반에서 20대 초반 사이에 한쪽 부모를 잃게 될 것이다.

산림(山林)에 점이 있으면 모사파가(謀士破家)의 상으로 보는데, 모략 때문에 집안이 망한다는 뜻이다. 두뇌의 양쪽 부분에서 기운을 불어넣어 주는 부분이 산림인데, 그곳에 흠이 있으니 지모는 뛰어나지만 자기 꾀에 자기가 넘어가는 격으로 실질적으로 중요한 부분에서 손해를 보기 때문이다.

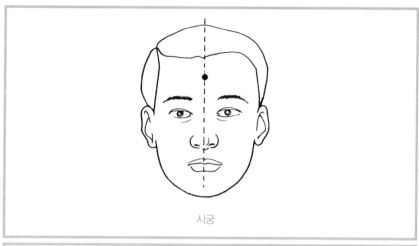

시궁

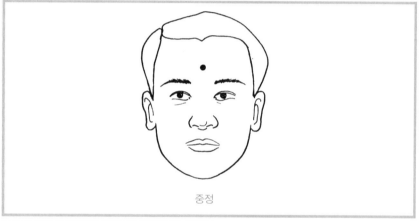

중정

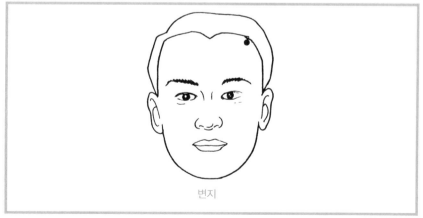

변지

사궁(司宮)은 이마의 정중앙에 위치한 부분이다. 사궁은 가정과 직장에서 아랫사람을 다스리는 중점적인 지혜의 샘이고 출세를 나타내는 중요한 부분이기도 한데, 이곳에 점이 있으면 출세가 더디고 부하들의 신망을 얻기 어렵다. 그러나 종교인이나 철학가로서는 대성할 수 있다.

중정(中庭)은 말 그 대로 안마당, 즉 집안을 의미하는데, 이 부분에 점이 있으면 집안단속이 튼튼하지 못한 것으로 보아 용기가 강한 아내를 얻거나 아내 때문에 고민을 하게 되고 공처가가 되기 쉽다. 직장에서는 따돌림을 당하기 쉬운 상이다.

변지(邊地)는 산림의 바로 위쪽에 있는 부분으로 머리숱이 많은 사람은 가려지는 경우가 있다. 이곳의 피부가 훤히 드러나 있으면 어느 곳에서나 사랑을 받을 수 있지만, 머리숱에 가려져 있거나 점이 있으면 고향을 떠나 타향에서 고생할 상으로 본다. 변지라는 뜻은 변방의 땅, 즉 타국을 의미하니까 타국과의 인연이 없는 것으로 보기 때문이다.

역마(驛馬)는 자신의 발로 돌아다닌다는 의미인데, 이곳에 점이 있으면 독립, 즉 가정을 꾸리는 것이 늦고 늘 가정일로 고민을 하게 된다. 부

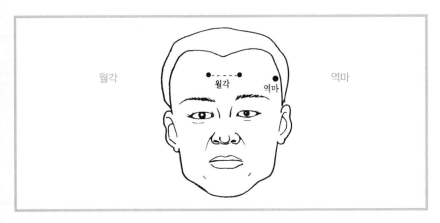

모 밑에 있어야 편안하고 부모를 떠나 독립하기에는 어려운 상이다.

월각(月角)은 사궁의 양쪽에 위치한 부분인데, 사궁은 관록을 의미한다고 했다. 월각은 이 관록을 받쳐 주는 곳이다. 그런데 이곳에 점이 있으면 내가 관직에 올랐다 해도 수하가 없는 격이라 고군분투해야 하며, 사궁의 빛이 밝지 못하고 월각에 점이 있을 경우에는 관직(공무원)과는 인연이 먼 상으로 본다. 또한 월각에 점이 있는 사람은 음기가 강해서 남녀를 막론하고 이성 관계가 난잡하다.

이상으로 이마에 있는 점들을 살펴보았는데, 이마는 대부분 30세 전까지를 판단하는 부분이므로 그 이후에는 큰 영향을 끼치지 않는다고 보아도 된다.

2. 눈썹 · 눈 근처에 있는 점을 보고 사람을 아는 법

교우(交友)는 말 그대로 친구관계(대인관계)를 보는 부분이다. 교우에 점이 있으면 대인관계가 원만치 못하고 소심한 성격이며 늘 자기를 내세 우려고 노력하지만, 그만한 결과를 얻지 못하는 사람이다. 이런 사람은 마음을 넓고 호탕하게 가지기 위해 노력하는 것이 중요하다.

인당(印堂)은 무술인들 사이에서는 사혈(死穴)로 불릴 정도로 중요한 부분으로 얼굴에서 가장 눈에 띄는 부분이다. 이곳에 점이 있는 사람은 다 된 밥이 뜸이 들지 않는 것과 같아서 무슨 일이든 잘 나가다가 마지막 에 망치는 경우가 많다. 여성인 경우에는 소인상학(小人相學)에서 음부로 보는데, 이곳에 흠이 있다는 것과 같은 뜻이기 때문에 적어도 두 번 이상

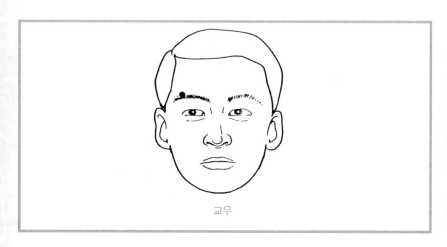

교우

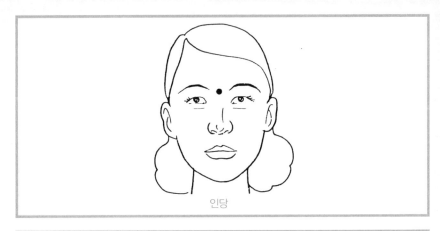

인당

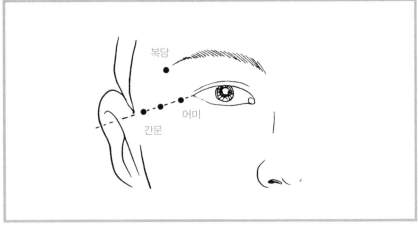

복당

어미

간문

결혼을 해야 할 상이며 그렇지 않을 경우에는 연하의 남자나 나이 차이가 많은 남자 또는 불륜 관계를 유발시켜 스캔들에 오르내리는 일이 많다.

형제(兄弟)는 눈썹을 가리키는 것과 같다. 이곳에 점이 있거나 눈썹이 끊어져 있는 사람은 형제·친척과의 인연이 박해서 육친과의 불화가 끊이지 않는다. 이런 사람은 고향을 떠나 타향에서 자수성가할 상이다.

복당(福堂)은 만복이 모여 집을 이루는 곳인데, 이곳에 점이 있으면

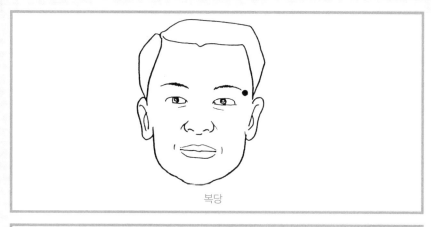

복당

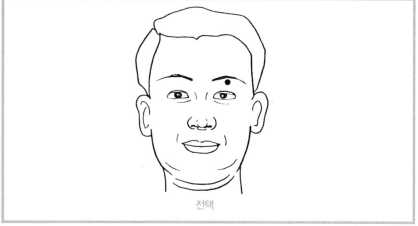

전택

배포가 커서 씀씀이가 헤프고 돈을 모으기 어렵다. 또 인정에 끌려 다니
는 일이 많아서 사업에도 실패하기 쉽다.

　간문(奸門)은 지혜의 샘으로 불리는 곳인데, 이곳에 점이 있으면 그 지
혜가 악용되어 음탕한 곳으로 뻗는다. 결국 여난의 상으로 보는 것이다.
여성인 경우에는 화류계나 연예계에 진출하면 대성할 수 있다. 또한 지혜
를 올바르게 사용하지 않는 탓에 늘 다른 사람의 원한을 살 우려가 있으나
주관적인 판단보다는 객관적인 판단에 신경을 쓰게 노력하는 것이 좋다.

전택(田宅)은 부모님의 재산을 뜻하는 곳이다. 이곳이 두툼하면 많은 유산을 물려받게 되지만, 이곳의 살집이 빈약하거나 점이 있으면 가난한 집안에서 태어났거나 부모님의 유산을 물려받을 수 없다고 본다. 여성인 경우, 이곳에 점이 있으면 부인병을 앓게 될 우려가 많고 자식 때문에 고민을 하게 된다.

어미(魚尾)는 웃을 때 주름이 잡히는 부분이다. 눈꼬리에 애교가 넘친다는 말은 웃을 때 많은 주름이 잡힌다는 뜻이며, 이건 이성에게는 누구에게나 통용되는 말이기 때문에 결코 좋은 뜻이라고는 볼 수 없다. 그런데 이곳에 점이 있다는 것은 주름이 잡혀서 밝은 피부를 방해하듯 빛을 잃게 만드는 형국이라 역시 마찬가지로 해석해서 여러 명의 이성을 거칠 상으로 본다. 결국 두 번 이상의 결혼을 하거나 남성인 경우에는 아내쪽이, 아내인 경우에는 남편쪽이 속을 썩혀 부부 사이가 원만치 못하게 된다.

처첩(妻妾)은 눈과 간문 사이에 위치하는데, 눈꼬리인 어미(魚尾)와 지혜의 샘인 간문(奸門)의 중간이니, 내가 선택한 이성이라는 뜻의 아내

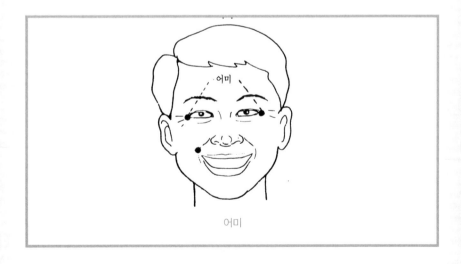

어미

의 자리를 나타내는 곳이다. 이곳에 점이 있으면 아내와의 인연이 박해서 부자연스러운 결혼(연상의 아내, 나이 차이가 많은 아내, 과부 등)을 하게 되며 집안과의 인연도 좋지 않다. 여성인 경우에는 한 남자로 만족하지 못한다.

남녀(男女)는 눈 바로 아랫부분으로 자식운을 나타내는데, 이곳에 점이 있으면 자식운이 없다고 보며, 성격이 과격하고 경솔해서 공든 탑을 무너뜨리는 경우가 많다.

관골(觀骨)은 광대뼈가 튀어나온 부분의 바로 위를 가리키는데, 이곳에 점이 있으면 성격이 소심해서 자기 주장을 제대로 하지 못해 늘 뒤로 돌아서서 후회를 하는 사람이다. 특히 이곳은 40대 중반의 운세를 좌우하기 때문에 그 시기에 커다란 좌절을 맛본다는 뜻이기도 하다. 특히 남에게 재난을 당하는 경우가 많다.

이상의 눈과 눈썹 주위의 점들은 30대를 중심으로 평가하는 부분이라 인생에서 가장 중요한 선택의 시기다. 이 부분들이 밝고 깨끗해야 40대를 향한 건강한 인생을 살아갈 수 있는 것이다.

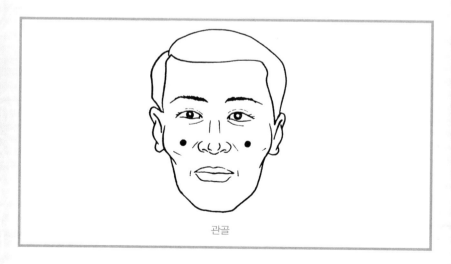

관골

3. 코와 그 주위에 있는 점을 보고 사람을 아는 법

산근(山根)은 산이 시작되는 부분, 즉 코를 산으로 볼 때 그 뿌리라는 뜻이다.

산근은 인당과 버금갈 정도로 중요한 부분이다. 이곳은 건강을 상징하는 경향이 짙어서, 이곳에 점이나 흠이 있으면 늘 잔병치레를 하며 원인 모르게 몸이 아파 병원을 들락거리게 된다. 이곳은 다른 말로 질액(疾厄)이라고도 하는데, 이 말은 병과 액운을 뜻한다.

여성인 경우에는 초경 때부터 생리불순이나 생리통으로 고생하게 되고 남성을 보는 눈이 특이해서 부자연스러운 상대와 구설수에 오르내리

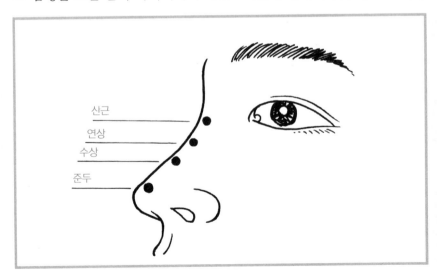

는 일이 많다. 하지만 음기를 타고나서 남성에게는 늘 인기를 독차지하게 된다. 연예인이나 화류계로 진출하면 대성할 수 있다.

연상(年上)은 중년운세의 기초과정을 나타내는 부분이다.

앞서 코에 대한 인상을 다루며 이곳이 꺾어져 있으면 사업에 크게 실패하거나 좌절을 할 우려가 있다고 했다. 점도 그것과 같아서, 이곳의 점이나 흠은 40대 초반에 인생이 완전히 뒤바뀌게 되는 파란을 맞이하게 된다고 본다.

여성인 경우에는 이마나 눈 같은 윗부분은 깨끗한데, 이곳에 점이 있거나 꺾여 있다면 틀림없이 40대 초반에 바람이 난다. 물론 이런 추리는 인중과 함께 보아야 하는데 인중이 깨끗하면 순간적인 외도로 끝날 수 있지만, 인중에도 점이 있을 경우에는 못말리는 바람기로 인해 반드시 이혼하게 된다.

수상(壽上)은 코뼈가 끝나고 살집으로 이어지는 부분이다.

이곳이 깨끗하면 자손운이 좋고, 이곳에 점이 있으면 자손 문제로 속

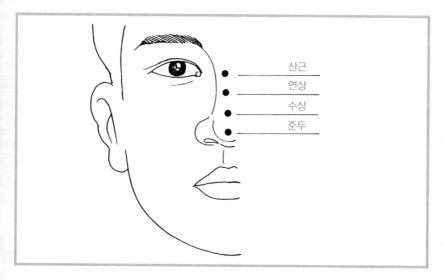

산근
연상
수상
준두

을 썩게 된다.

준두(準頭)는 관상의 기본이 되는 부분이라고 볼 수 있으며 모든 복의 근원이라고 말할 수 있을 정도로 중요한 곳이다.

이곳에 점이 있으면 상대방에게 첫인상부터 좋지 않은 영향을 끼치게 되어 무슨 일이든 자기 뜻대로 순조롭게 이루어지지 않는다.

도적(盜賊)은 집안을 지키는 파수꾼 같은 곳이다.

이곳에 흠이나 점이 있으면 늘 돈이 새나가게 되어 재산을 모으기가 어렵고, 주위에서 사람들이 손을 벌리고 있는 형국이라 남 좋은 일만 해주게 된다.

4. 입과 턱 주위에 있는 점을 보고 사람을 아는 법

　인중(人中)은 코와 입이 연결된 부분이다. 앞서 기술할 때 코는 여성의 유방으로 보고 입은 자궁으로 보며 인중은 질로 본다고 했다. 그러나 또 한 가지 소인상학에서는 코를 머리로 보고 인중을 몸, 입을 다리를 벌린 여성으로 보기도 한다. 즉, 인중은 여성을 판단하는 데 가장 중요한 재료라는 뜻이다.

　인중의 위쪽에 점이 있으면 목을 뜻하는 곳에 칼이 박혀 있는 꼴이라 단명의 상으로 본다. 한가운데에 점이 있으면 마음을 뜻하는 곳에 말뚝이 박혀진 꼴이라 마음이 자주 바뀌게 되어 남성을 갈아치우게 된다. 즉, 재혼할 상이다. 인중 중심 부위의 좌우, 어느 한쪽에 점이 있으면 밝은

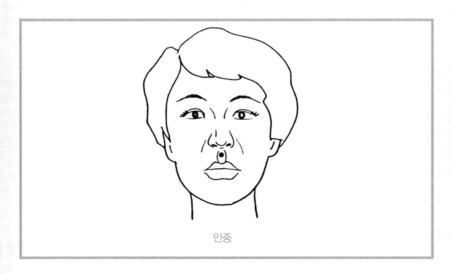

인중

쪽은 남편을, 점이 있는 쪽은 다른 남성이 침입한 모습을 나타내는데, 중간 부분은 가슴이니까 결국 양쪽 유방을 각각 다른 사람이 차지하고 있는 꼴이기 때문에 간통의 상으로 본다.

인중 아랫부분의 윗입술이 시작되는 화살표 같은 부분은 여성의 질을 의미하는데, 이곳에 점이 있으면 음란하기 이를 데 없어서 어느 남자이든 주저하지 않고 관계를 갖는 상이다. 여성의 정조관념을 살펴보기 위해서는 인중을 보는 것이 가장 현명하다고 할 수 있다.

남성의 경우에 인중에 점이 있으면 머리회전이 느리고 여성을 지나치게 밝혀 단명할 상으로 본다.

승장(承漿)은 아랫입술을 가리키는데, 이곳에 점이 있으면 하늘에서 내려주는 기운을 흘려버리는 것과 같아서 낭비와 허영이 심하다. 여성이 이런 경우라면 확실한 남편을 만나기는 어렵다.

지각(池閣)은 턱을 말하는데, 이곳에 점이 있으면 부하를 두기가 어려워 성공을 하는 것이 더디고 설사 성공한다 해도 다시 망하게 되는 경우

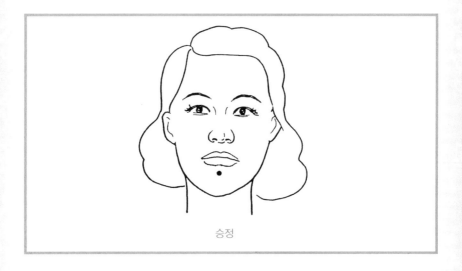

승정

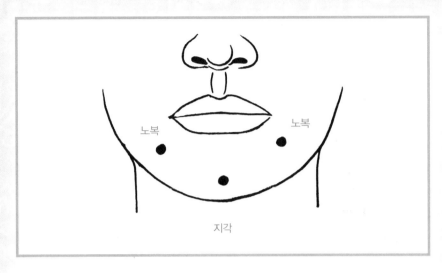

노복

노복

지각

가 많다. 넓은 마음을 가지도록 노력하는 것이 중요하다.

노복(奴僕)도 지각과 비슷해서 이곳에 점이 있으면 아무리 열심히 부하나 주위 사람을 돌보아 주어도, 그 보답을 바라기는 어렵다.

이상으로 얼굴의 점들을 정리해 보았는데, 얼굴은 기본적으로 상·중·하로 나누어 이마는 초년운과 윗사람을, 코와 눈은 중년운과 친구를, 입과 턱은 말년운과 아랫사람을 의미한다.

점들이 가지고 있는 의미가 백퍼센트 확실하다고 볼 수는 없겠지만 수천년 전부터 이어져 내려온 인상학의 중요한 범위에 속한 것이니까 자신의 인상부터 판독한 뒤에 어떤 점에서 주의해야 할 것인가를 알고 상대에 따라 올바르게 처신한다면 많은 도움이 되리라 본다.

5. 그 밖의 점을 보고 사람을 아는 법

여성의 준두 근처에 점이 있으면 유방에도 점이 있다

여성의 준두(準頭) 근처에 점이 있으면 유방에도 점이 있다고 보며 적어도 한 번 이상 유산을 경험하게 되고 남자를 셋 이상 겪게 된다.

입술에 점이 있으면 자궁에도 있고 남자복이 있다

여성의 입술에 닿을 듯 말 듯, 또는 입술 자체에 점이 있으면 음부에도 점이 있다고 보며 남자복을 타고났다고 하는데, 결혼하기 전에 여러 남자를 거치게 된다. 입술을 자궁으로 보기 때문에 이곳에 점이 있다면 자궁의 관문인 음부에도 점이 있다고 보는 것이며, 그 점은 남자가 늘 옆에 있다는 것을 의미하고 자연히 남자복이 있다고 보는 것이다. 이런 여성은 남자를 다루는 방법을 선천적으로 타고나지만 심신이 고달파서 행복한 인생을 보낸다고 말할 수는 없다. 단, 무엇보다도 본인 스스로가 남성을 밝히기 때문에 그것만으로 행복하다고 생각하며 살 수 있는 상이다.

콧수염 부위에 점이 있으면 언행을 조심해야 한다

인중이 아닌 콧수염이 자라는 부위에 점이 있는 사람은 말을 함부로

해서 적을 만드는 일이 많으니 언행을 조심해야 한다. 또 이런 사람에게는 비밀을 털어 놓으면 안된다.

· ● ·

남성의 음낭에 점이 있으면 자손 · 처덕이 있다

남성인 경우에 귀두에 점이 있는 사람은 아내복이 넘치는 상으로 결혼을 하면서부터 운세가 트여 말년까지 이른다. 남성의 음낭에 점이 있으면 자손덕이 있으며 처덕이 있다. 엉덩이에 점이 있으면 이성에게 인기가 있고 먹을 복이 있다.

지금까지 열거한 점들은 작고 희미한 것들은 제외한 크고 눈에 띄는 것이나 사마귀 등을 말하는 것이다.

기본적인 것에 지나지 않지만, 첫만남에서 상대방의 성격이나 감정을 알아보는 데는 중요한 역할을 하는 분야니까 깊이 연구할수록 흥미를 느낄 수 있을 것이다.

03
모상학

털을 보고
사람을 아는 법

모상학은 우리 몸에 나 있는 털을 보고 그 사람의 운명
이나 성격, 감정 등을 알아보는 것이다. 일반적으로 머
리카락은 여기에서 제외된다. 털은 혈액순환과 관계가
깊다.

털이 많은 쪽이 원시적인 것은 당연한 일이고, 원시적인
사람이 감정이 풍부한 것 또한 당연한 일인데 중요한
것은 어느 부분의 털이 어떤 모양으로 자라 있는가에
따라 해석이 달라질 수 있다는 것이다. 여기에서는 일반
적인 모상학에 대해서만 열거해 보기로 한다.

1. 콧수염을 보고 사람을 아는 법

뻣뻣한 콧수염은 강한 의지를 상징한다

콧수염은 남성이라면 누구나 자란다. 그러나 그 양이 어느 정도이고 밀도가 어느 정도냐에 따라 해석에 차이가 있다. 뻣뻣한 콧수염은 강한 의지를 상징한다. 듬성듬성 피부가 들여다 보일 정도로 자라는 수염은 덕이 부족하고 소심한 성격을 나타내고, 빽빽하고 밀도 있는 수염은 탄탄한 운세를 나타낸다.

코밑이 거뭇거뭇한 남자는 강한 정력의 상이다

어린 시절부터 코밑이 거뭇거뭇한 남자는 강한 정력과 조숙한 발육을 의미하며, 그 대신 학업을 중도에 포기하거나 늦게 성공하는 타입이다. 남들보다 늦게 콧수염이 자라는 남자는 깔끔하고 여성적인 성격을 가지고 있으며 좋은 아내를 얻게 된다.

콧수염이 빨리 자라는 남성은 정력적이다

콧수염이 자라는 속도가 빠른 남성은 혈액순환이 좋다고 보며, 다시 말해 정력적이라는 뜻이다. 콧수염이 자라는 속도가 느린 남성은 사고력은 깊지만 재치가 부족해서 일을 처리하는 데 굼뜬 스타일이고 맺고 끊는 것이 확실하지 못하다.

· ● ·

코밑 솜털이 거뭇거뭇한 여성은 조숙하다

여성인 경우는 코밑의 솜털을 콧수염을 대신해서 본다.

코밑의 솜털이 거뭇거뭇할 정도여서 늘 신경을 쓰는 여성은 조숙한 편

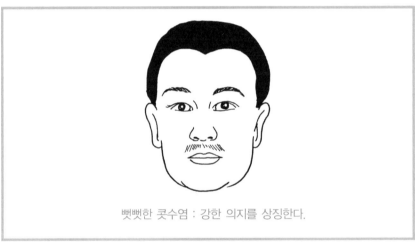

뻣뻣한 콧수염 : 강한 의지를 상징한다.

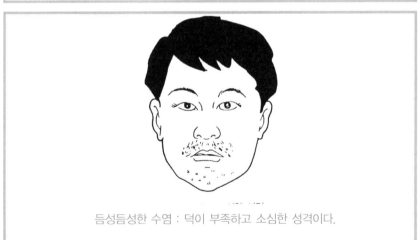

듬성듬성한 수염 : 덕이 부족하고 소심한 성격이다.

이어서 초경을 빨리 경험하고 남성에 대한 관심도도 높다. 어렸을 때는 남성적인 성격이 강해서 남자친구들과 자주 어울리지만 다른 동성친구들과 달리 일찍부터 남자를 경계하게 되는데, 그 이유는 조숙하기 때문이다. 이런 여성인 경우, 인정이 많아서 쉽게 사랑에 빠지고 또 눈물도 많은 편이다.

하지만 결혼생활은 만족스럽지 못한 경우가 많고 생활에 신경을 쓰기보다는 애정에 더 신경을 쓰는 타입이다.

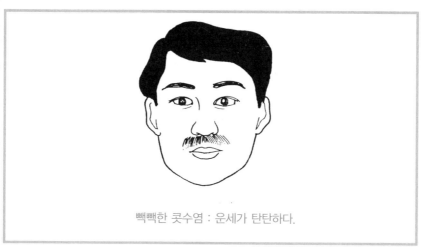

빽빽한 콧수염 : 운세가 탄탄하다.

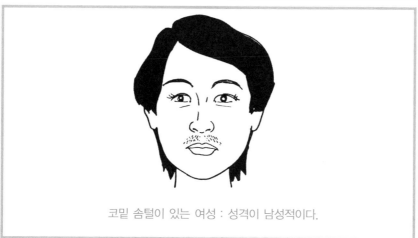

코밑 솜털이 있는 여성 : 성격이 남성적이다.

코밑이 깨끗한 여성은 결벽주의자이다

여성인 경우, 코밑의 솜털이 거의 보이지 않을 정도로 깨끗한 사람은 지나칠 정도로 결벽주의자여서 남자를 알게 되는 시기가 늦지만, 그것은 겉으로 볼 때의 상황일 뿐 여성호르몬이 더 많다는 뜻이어서 얌전한 강아지가 부뚜막에 먼저 올라 앉는 격으로 늦바람이 날 우려가 있다.

남성인 경우, 면도를 한 뒤에도(면도칼로) 푸르스름한 수염 자국이 짙게 남아 있으면 부하복이 있어서 여러 사람이 떠받들게 된다. 그러나 마치 내시처럼 지나치게 깨끗하다면 남을 떠받들어야 하는 상황에 처하게 된다.

2. 턱수염 · 구레나룻을 보고 사람을 아는 법

턱수염은 빽빽할수록 처복과 부하복이 있다

턱수염과 구레나룻은 **빽빽**할수록 처복과 부하복이 있다고 본다. 단 수염을 기르고 있을 경우에는 성격이 소심하고 섬세하다는 것을 뜻하고 면도를 해서 푸르스름한 윤곽이 두드러져 보일 때에는 남성적인 성격이 강하다고 본다.

사람이 기본적으로 콧수염이나 구레나룻을 기르려고 하는 심리는 자신감이 결여되어 있는 것을 수염으로 메우려는 심리의 결과라고 보기 때문에 얼굴의 수염을 기르지 않는 사람이 더욱 스스로에 대해 자신감에

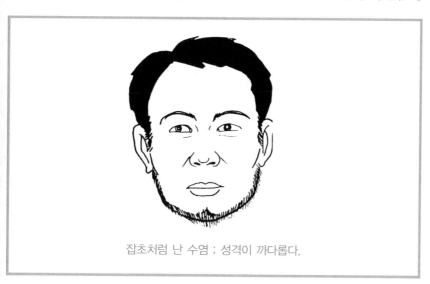

잡초처럼 난 수염 ; 성격이 까다롭다.

차 있다고 보는 것이다.

　턱수염과 구레나룻은 물론 볼에 난 수염이 드문드문해서 마치 잡초처럼 보이는 남성은 사람을 상대하는 데 까다로운 성격이고 친구를 자주 바꾸게 되며 재물복도 없다.

　턱수염만 약간 있을 뿐 구레나룻이 거의 나지 않는 사람은 친구 사이의 의리가 없고 자기의 이익만 중시하는 타입이다.

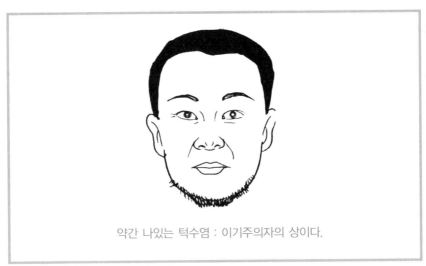

약간 나있는 턱수염 : 이기주의자의 상이다.

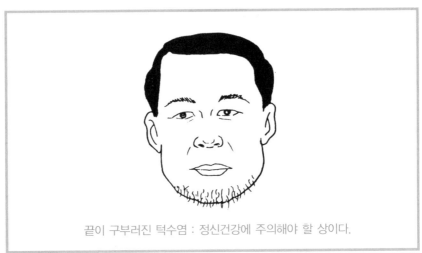

끝이 구부러진 턱수염 : 정신건강에 주의해야 할 상이다.

· ● ·

붉은색을 띤 수염은 건강이 좋지 않다는 뜻

수염이 붉은색을 띠고 있는 사람은 뭔가 심하게 고민하고 있다는 증거이거나 건강이 좋지 않다는 뜻이다. 수염이 지나치게 새까만 사람은 운세가 약하고 나약한 성격이기 때문에 인생에 파란이 많고 정력도 약하다고 본다.

수염이 그다지 길게 자라지도 않았는데 끝이 휘거나 구부러져 보이면 정신건강상의 문제에 직면해 있다는 증거다. 이럴 때에는 두뇌를 활용하는 일에는 손대지 않는 것이 좋다.

3. 액모(겨드랑이털)를 보고 사람을 아는 법

• ● •

남성의 겨드랑이 털이 무성하면 아내덕이 있다

일반적으로 액모는 음모보다 약간 늦게 나는 것이 보통이다. 남성의 경우, 액모가 무성한 숲과 같은 사람은 정신노동에 적합하고 아내덕이 있다. 그러나 여성적인 성격이 강해서 인정에 이끌리기 쉽고 사기를 당할 우려가 높다.

액모의 길이가 짧고 범위가 작은 남성은 감수성이 별로 없고 냉정한 성격으로 이기적인 면을 중시해서 남에게 거짓말을 잘한다.

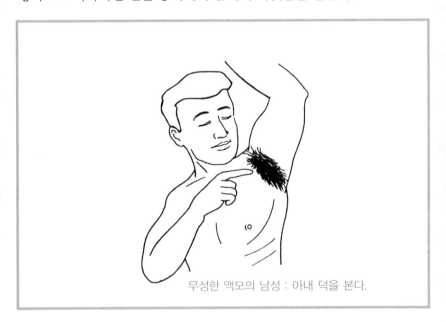

무성한 액모의 남성 : 아내 덕을 본다.

액모는 그저 보기 좋을 만큼의 정도가 적당하고 좋은 것은 두말할 나위도 없다.

• ● •

액모가 무성한 여성은 음기가 강하다

여성의 경우, 액모가 무성한 사람은 음기가 강하고 감정이 풍부하며 조숙한 편이어서 남자를 일찍 경험하거나 시집을 일찍 가게 된다. 예술적인 재능이 있고 재치도 있지만 남성적인 면이 강해서 남자에게 지기 싫어하는 단점이 있고 결혼을 하면 자신이 생활전선에 뛰어드는 경우가 많다.

액모가 거의 없이 솜털만 보이는 여성은 자궁발달이 늦고 임신을 하는데 고통이 뒤따르며 70퍼센트 이상은 음모도 없다. 남편운도 별로 없어서 재혼하게 되는 경우가 많지만 남자는 주위에 들끓는다. 액모는 풍부함을 엿보여 주는 것이다. 그 많고 적음으로 풍부한 감정을 알아볼 수 있는 것이다.

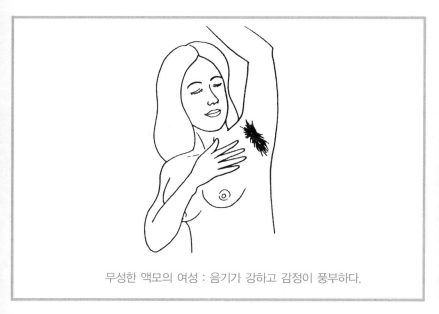

무성한 액모의 여성 : 음기가 강하고 감정이 풍부하다.

4. 흉모(가슴털)를 보고 사람을 아는 법

어깨까지 털이 난 사람은 폭력적이거나 공처가이다

흉모는 물론 남성에게만 해당된다. 보기 드물게 어깨까지 털이 나 있는 사람이 있는데, 이런 사람은 매우 정력적이고 건강하다. 물론 팬티 안의 남성도 믿음직스럽다고 본다. 하지만 두뇌회전과 판단력이 느리고 감정에 치우치는 면이 강해서 앞뒤를 가리지 않고 함부로 행동해서 늘 주위에 피해를 끼치는 사람이다. 이런 사람은 대부분 공처가이거나 폭력적인 남편이 되는데, 자신의 욕구를 충족시키려다 보니까 당연히 아내의 비위를 맞추거나 아니면 폭력을 사용해서라도 그 만족을 얻으려 하기 때문이다.

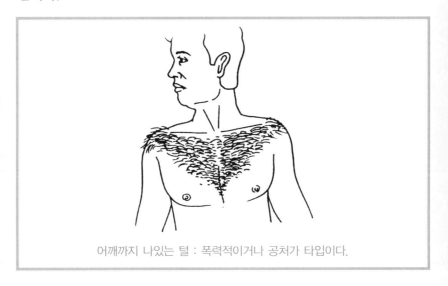

어깨까지 나있는 털 : 폭력적이거나 공처가 타입이다.

가슴에 온통 털이 난 사람은 애처가이면서 바람둥이다

외국의 미남 영화배우처럼 가슴에 온통 털이 자라 있는 남성은 정력적으로도 강하고 마음도 넓다. 대부분 애처가이면서 바람둥이라고 볼 수 있지만, 재물복은 그다지 좋다고 볼 수 없고, 성격은 오히려 섬세하고 감정이 풍부하다.

가슴털이 곧으면 유순하고 대인관계도 좋다

가슴털이 곧은 경우는 마음이 유순하고 대인관계도 좋지만, 곱슬인 경우에는 고집이 세고 대인관계도 원만하지 못하다. 가슴에는 털이 없고 가슴뼈 주위에 한웅큼의 털을 심어 놓은 것처럼 밀집되어 있는 남성은 두 마음을 가지기 쉬운 참모격으로 겉으로의 행동과 속마음이 달라 낭패를 당하는 경우가 많다. 그러나 여성에게는 많은 인기를 얻는다.

가슴털이 드문드문 가닥을 헤아릴 수 있을 정도로 나 있는 사람은 주위에 늘 가까운 친구나 여자가 한두 명씩 버티고 있기는 하지만, 그런 친

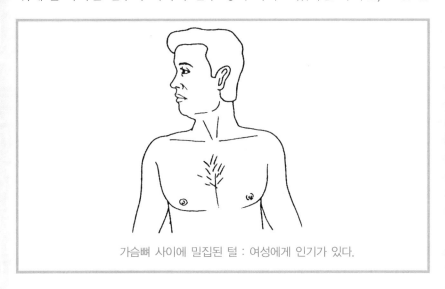

가슴뼈 사이에 밀집된 털 : 여성에게 인기가 있다.

구들이 자주 바뀌는 편이다. 이런 타입은 이성과 감정이 한꺼번에 움직이는 경우가 많기 때문에 쉽게 헤어지고 쉽게 화해하는 성격으로 헤어졌다가 만나는 일이 되풀이 된다.

- ● -

유륜에 털이 있는 남성은 아내덕, 자식복이 있다

유륜에 긴 털이 자라 있는 남성은 아내덕이 있고 자식복도 좋다. 남성의 유두와 유륜은 아무짝에도 쓸모없는 볼거리에 지나지 않지만, 그곳에 나 있는 긴 털은 가슴털보다 더 중요한 역할을 하는 것이니 가능하면 뽑지 않는 것이 좋다.

- ● -

가슴털이 없는 남성은 두뇌회전이 좋고 유행에 민감하다

가슴털이 전혀 없는 남성은 감정보다는 이성적인 판단이 강해 두뇌회전도 좋고 유행에 민감하다. 사업적인 면에서도 성공을 거둘 수 있지만 단, 가슴이 두꺼워야만 한다.

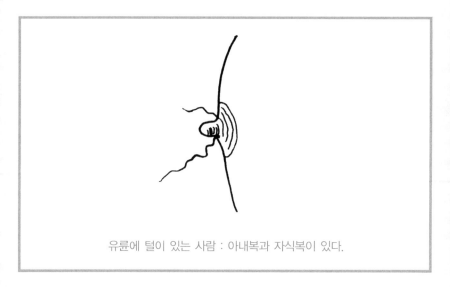

유륜에 털이 있는 사람 : 아내복과 자식복이 있다.

5. 팔·다리의 털을 보고 사람을 아는 법

팔에 털이 많은 남성은 애처가 타입이다

남성의 경우, 피부 위에 심어 놓은 듯이 시커먼 털이 팔을 가득 메우고 있는 사람은 성격이 호탕하고 사람들과 어울리기를 좋아하며 말재주가 좋다.

팔 위에 털은 많은데 다림질을 한 것처럼 가지런히 피부에 달라붙어 있는 사람은 인정은 많지만 결단력이 부족해서 늘 누군가의 리드를 받는 타입이고 아내를 사랑하는 애처가다. 그러나 남성끼리의 관계에서는 자신감이 결여되어 있어서 뒷전에 처지는 경우가 많다.

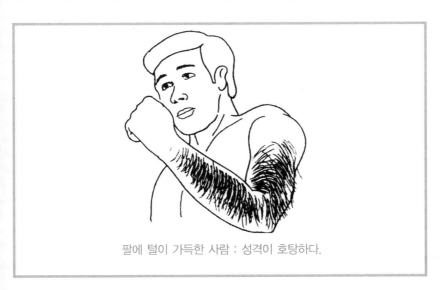

팔에 털이 가득한 사람 : 성격이 호탕하다.

팔의 털이 거의 없는 남성은 냉정한 경향이 짙고 매너가 좋으며 여성을 리드하는 솜씨가 뛰어나다. 그러나 재복이 별로 없고 부모에게 불효하는 경우가 많으며 아내를 얻어도 상상 밖으로 어울리지 않는 여자를 선택하는 경우가 있다.

• ● •

팔에 가는 털이 많은 여성은 애정면에서 뛰어나다

여성의 경우, 팔에 가는 털이 그득 자라 있는 사람은 대부분 코밑에도 솜털이 자라기 마련인데 성감이 뛰어나고 감수성과 감정이 예민해 일찍부터 남자들의 관심의 대상이 된다. 몸에 털이 많다는 것은 남성호르몬이 왕성하다는 뜻이다.

여성이 이런 경우에는 여성이 본질적으로 가지고 있는 음기와 남성의 적극적인 성격이 조화를 이루어서 애정면에서 뛰어나다고 보는 것이다.

피부에 달라붙은 털 : 인정은 있으나 결단력이 부족하다.

팔이 깨끗한 여성은 부드러운 감정의 소유자

팔이 깨끗한 여성은 여성적이고 섬세하며 부드러운 감정을 지니고 있다. 단, 피부가 거친 경우에는 심신이 고달픈 격이라 육체적인 고통이 많이 따른다.

• ● •

다리의 털은 부하, 아내, 자식운을 본다

허벅지에 털이 그득한 남성은 아내복이 있고 대인관계도 뛰어나다. 자식운도 좋고 주위 사람을 즐겁게 해 주는 재능이 있다.

허벅지의 털이 듬성듬성한 남성은 사람을 골라 사귀고 애정 문제도 원만치 못하며 아내복이 없다. 자식 때문에 속을 썩게 되고 사람들을 끌어모으는 재주는 있지만 관리를 제대로 하지 못해 쉽게 헤어진다. 털이 거의 없이 깨끗한 남성은 신경질적이고 섬세해서 사람을 사귀기 어렵고 설

팔에 가는 털이 많은 여성 : 성감이 뛰어나고 감정이 예민하다.

사 사귄다 해도 리드하는 입장에 서기는 어렵다.

　아내복은 보통이지만 대부분 섬세한 아내보다는 호탕한 아내가 어울린다.

털이 많은 남성의 허벅지 ; 아내, 자식운, 대인관계가 좋다.

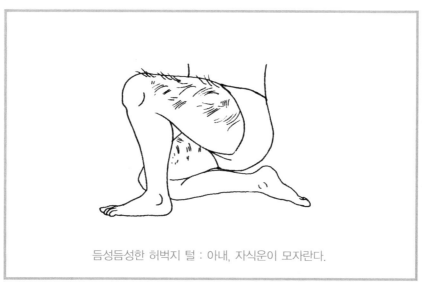

듬성듬성한 허벅지 털 : 아내, 자식운이 모자란다.

6. 음모를 보고 사람을 아는 법

남성의 음모는 정력과 여자복을 나타낸다

음모의 상태를 앞에서 볼 때는 다리를 약간 벌린 상태에서 바라본다. 남성의 경우, 음모는 정력과 여자복을, 여성의 경우에는 성감과 운세를 본다.

음모가 평범한 모습, 즉 윗쪽이 넓은 삼각형으로 잘려 있는 남성은 정력적인 면에서 힘이 뒤지고 여자를 보는 눈도 겉치레에만 치중해서 뜨거운 애정을 나눌 상대는 만나기 어렵다.

음모가 산처럼 약간 솟아 올라 있는 남성은 예리한 판단력을 가지고 있어서 여성을 선별하는 시각이 뛰어나고 정력도 강한 편이다. 친구들 사이에서도 인기가 있다.

음모가 배꼽 위까지 뻗어 올라간 남성은 정력이 뛰어나고 어떤 여성을 만나든 리드하는 능력이 강해서 육체적으로 아내를 선택하는 경우가 많다. 일찍부터 여성에게 눈을 뜨게 되고 애처가가 되거나 폭력적인 남편이 된다.

여성의 음모는 성감과 운세를 나타낸다

여성의 경우, 음모가 역삼각형을 이루고 있는 사람은 평범한 사고방식을 가지고 있으며 무슨 일에나 잘 적응하는 성격이고 남편과의 관계도 원만해서 일반적인 가정생활을 꾸려나가게 된다.

배꼽 위까지 음모가 자라 있는 여성은 음란하기 짝이 없으며 또한 육체적인 건강이 뛰어나고 남성적인 운세를 타고 났다고 본다. 초경을 일찍 겪으며 남성호르몬의 과잉으로 생리통이나 생리불순에 시달리지만, 아이를 낳으면 나아진다.

삼각형으로 보이는 음모를 가진 여성은 자기 만족을 중시하고 남성을 돈 버는 기계로 대하는 경우가 많다. 성감도 가장 좋지 않으며 동성연애나 자위 같은 변태적 행위에 빠지는 경우도 있다. 남자를 선택하는 데에도 특이한 관점을 적용해 남들이 이해하기 힘든 결혼을 한다.

계란형으로 둥그스름하게 이루어진 음모는 어느 남성에게나 쉽게 적응하는 타입이고 궁금증이 많아서 반드시 사랑하는 상대가 아니더라도 육체적인 관계를 맺는 경우가 많다. 이런 여자는 결혼 후에 적어도 한 번 이상 스캔들을 일으키게 된다.

음핵 위에 약간의 음모만이 자라 있는 여성은 질적인 쾌감보다는 음핵에 의한 쾌감을 중시하며 첫 오르가즘을 자위를 통해 얻는 경우가 많다. 여성적인 섬세함이 뛰어나 남성을 다루는 능력이 탁월하고 상대방의 심리를 잘 읽어내는 재주가 있다. 몸 전체에서 요염한 색기가 흐르는 것이 보통이다. 하지만 한 남자로는 만족하기 어렵다.

음모가 전혀 없는 여성은 수치를 모르고 남편운이 좋지 않다. 직접 생활전선에 뛰어들지 않고는 만족스런 생활을 하기 어려우며 결혼은 연하의 남자나 재취로 가게 되는 경우가 많다.

우리의 몸에 있는 털은 각각 의미를 가지고 존재하는 것이다. 모상학은 사실 그 범위가 매우 넓어서 판별이 쉬운 것은 아니지만 대부분 그 사람의 건강이나 이성운, 부하운, 성격 등을 보는 것이므로 여기에서는 자세한 부분은 생략하고 기본적으로 알아두면 도움이 될 것들만 설명했다.
이성을 만났을 때 자신과 맞는 상대인지 아닌지 가장 중요한 열쇠가 되는 것이 바로 모상학이라 해도 지나친 말이 아닐 것이다.

플레이보이의 예리한 눈

1. 거리에서

● 고개를 숙이고 걷는 여성은 외롭다는 증거.

● 어깨를 위 아래로 흔들며 걷는 여자는 자신을 드러내 보이고 싶은 욕
망에 싸여 있다.

● 어깨가 좌우로 흔들리는 여성은 쉽게 몸을 허락하는 타입이고 씀씀이
도 헤픈 기분파.

● 허리가 구부정한 모습으로 두 손을 맞잡고 걷는 여성은 겁이 많고 자
신감이 결여되어 있다는 증거. 자신감을 심어줄 수 있는 달콤한 말을
건네 볼 것.

- 어깨를 한껏 젖히고 정면을 바라보고 또박또박 걷는 여성은 자존심이 강하고 현재 만족스러운 상태. 추켜세워 주기만 하면 한없이 정을 베풀 타입.
- 함께 가는 친구와 손을 잡는 것을 좋아하는 여성은 그 손이 오른손일 경우에는 성감이 뛰어나고 남성을 만족시켜 줄 수 있는 타입. 하지만 주로 왼손을 사용할 경우에는 아직 성적으로 미숙하다는 증거.
- 혼자서 팔짱을 끼고 걷는 여성은 집안에 근심이 있다는 뜻. 잘못 건드리면 뒤탈이 무섭다.
- 입을 벌리고 걷는 여성은 단명의 상. 아내로서는 부적합하고 변태적인 성행위도 서슴지 않지만 성감은 매우 부족하다.
- 발이 벌어져서 팔자걸음을 걷는 여성은 아직 남자 경험이 별로 없다는 증거. 설사 있다고 해도 오르가즘을 느껴본 적은 없다는 뜻. 친구로 시작하면 순조로운 만남을 이룰 수 있다. 그런 여자가 어느 날 갑자기 걸음걸이에 신경을 쓴다면 남자를 경험했다고 보면 틀림없다.

- 입을 벌리고 껌을 씹으며 걷는 여성은 쉽게 몸을 허락한다. 이런 여자는 정조관념이 희박하고 스스로를 아낄 줄 모르는 여자. 집안도 별로 좋지 않다.
- 소리내서 껌을 씹는 여자는 자신을 돋보이고 싶어한다는 뜻. 그만큼 인기가 없는 여자라는 증거.
- 눈을 이리저리 굴리며 걷는 여자는 거짓말을 잘 하는 타입. 첫만남에서 세번째 만남까지 그녀가 한 말은 80퍼센트 이상 거짓이라고 생각할 것. 또한 현재 심리 상태가 불안하다는 뜻.
- 길을 걸으며 머리카락을 자주 매만지는 여성은 만족스런 남자친구가 없다는 뜻. 부드럽게 대쉬할 것.
- 길을 걸을 때 책이나 노트 같은 물건을 반드시 들고 다니는 여성은 현재 외롭다는 증거.
- 걸음이 빠른 여성은 말도 빠르고 성격도 급하다. 여유있게 대시해서 그녀의 걸음이 느려지든가 말대답을 하면 이쪽에 관심이 있다는 뜻.

이런 여성은 남자가 다가가면 대부분 도망가는 것이 보통.

● 지나치게 걸음이 느린 여성은 살이 찐 체격일 경우 게으르다는 증거. 마른 체격일 경우에는 부인병을 앓고 있다는 뜻.

● 길을 걸으며 가방을 열어보거나 잡지를 펼치는 등 특별히 뭔가를 찾는 것 같지도 않은데 몸을 가만히 두지 않는 여성은 무엇 하나 제대로 처리할 수 있는 능력이 없다는 뜻. 이것저것 간섭하기를 좋아하고 자기 뜻대로 되지 않으면 상대를 탓하는 타입.

● 길가의 좌판을 기웃거리며 걷는 여성은 친구나 애인이 필요하다는 뜻.

● 고개를 숙이고 종종걸음으로 걷는 여성은 무서운 경험을 한 적이 있다는 뜻. 편안한 분위기로 자연스럽게 대시할 것.

● 버스정류장 같은 곳에서 남자 앞으로 걸어와 그 앞에 버티고 서는 여자는 남자 경험이 풍부하다는 뜻.

- 어깨에 멘 핸드백을 앞으로 당겨 끌어안고 걷는 여자는 의지할 사람이 필요하다는 뜻.
- 길거리에서 군것질을 하며 걷는 여자는 헤프다는 증거. 단, 누구와 함께라면 다르다.
- 신발을 끌며 걷는 여자는 몸 관리가 허술하다.

2. 커피숍에서

- 고개를 숙이고 책만 들여다 보며 앉아 있는 여자는 둘 중의 하나. 현재 외로운 상태이거나 단순히 누구를 기다리고 있는 것. 그 판단은 테이블 위에 놓인 커피를 보면 된다. 커피를 거의 마시지 않은 상태라면 외로운 상태, 커피잔이 비워져 있으면 누구를 기다리고 있다는 뜻.
- 쉴 새 없이 담배를 피워대는 여자는 남자 경험이 풍부하다는 뜻. 일회용 상대를 기다리고 있다.

156

- 담배를 피우며 창밖을 바라보는 여자는 관심을 끌고 싶어하는 증거. 도도해 보이지만 의외로 상냥한 경우가 많다.
- 웃을 때 잇몸이 드러나 보이는 여성은 명랑하고 화통한 성격의 소유자. 화끈하게 대시하면 쉽게 애인이 될 수 있다.
- 웃을 때 목젖까지 드러나 보이는 여성은 매우 건강한 상태. 자신감이 넘쳐서 상대의 말을 쉽게 부정하는 단점이 있다. 이론적이고 체계적인 대화로 유도해 나가면 이쪽의 페이스로 끌어들일 수 있다.
- 화장실이나 전화를 하러 갈 때 소지품을 그대로 두고 가는 여성은 남자에게 호감을 가지고 있다는 뜻. 반드시 소지품을 가지고 가는 여성은 청결한 것을 좋아하는 타입.
- 화장실에 갈 때 핸드백을 뒤져 티슈를 꺼내 가는 여성은 자신의 육체에 자신감을 가지고 있다는 뜻. 뜨거운 육체와 진한 감정의 소유자.
- 이야기를 나누며 고개를 숙이고 있는 여자는 다른 것을 상상하고 있다는 증거. 예를 들면 남자의 알몸 같은 것. 즉시 좀 더 멋진 장소로

데려가라.

- 이야기를 나누며 다른 곳을 바라보는 여자는 화제를 바꾸어 주기를 바란다는 뜻.
- 이야기를 나누며 눈알을 굴리는 여자는 이쪽의 말에 관심이 없다는 뜻.
- 이야기를 나누는 도중에 조용히 한숨을 내쉬는 여자는 자신의 마음을 알아주기를 바란다는 증거. 그녀가 관심을 가질 만한 것이 무엇인지 빨리 생각해 보라.
- 다리를 가지런히 모으고 앉는 여자는 지나칠 정도로 세심한 성격. 강한 대시가 그녀의 마음을 흔들 수 있다.
- 이야기를 나누며 계속 얼굴에 미소를 띠고 있는 여자는 자신의 우월감에 만족한다는 증거. 마음속으로는 이쪽의 이야기를 무시하고 있는 것이니까, 그녀의 표정이 굳어질 수 있도록 좀 더 진지한 화제를 유도할 것.

- 의자 등받이에 상체를 깊숙이 묻고 이야기하는 여자는 자신의 주관보다는 객관적인 의사 전달에 흥미가 있다는 뜻. 즉, 개인적인 감정이 일지 않는다는 뜻이다. 또 한 가지는 상대의 강한 대시를 기다린다는 증거.

- 상체를 앞으로 기울이고 팔꿈치로 탁자를 짚은 모습으로 이야기를 하는 여자는 남자를 리드하고 싶어하는 증거. 즉시 그녀의 대화 속에 자신을 침투시킬 것.

- 커피를 급하게 마시는 여자는 다른 장소로 옮기기를 원한다는 뜻.

- 커피를 젓고 스푼을 바깥쪽에 걸쳐 놓는 여자는 상대에게 개인적인 감정을 드러내지 않겠다는 뜻.

- 커피잔을 두 손으로 받쳐들고 마시는 여자는 현재의 대화에 관심이 있다는 뜻.

- 물을 갖다 놓았는데 그걸 다 마시고 다시 물을 요구하는 여자는 이쪽에서 자기의 마음을 알아주기를 간절히 바라고 있는 상태.

- 커피를 마시기 전에 향기부터 맡는 여자는 남자를 원하고 있다는 뜻.
- 팔짱을 끼고 대화를 나누는 여자는 이기적이거나 상대를 경계하고 있다는 뜻.
- 팔걸이에 한쪽 팔꿈치를 짚고 기대고 앉는 여자는 이쪽의 요구대로 따를 뜻이 있다는 증거.
- 다리를 꼬고 앉는 여자는 현재 외롭다는 뜻. 자신을 만족시켜 줄 상대를 찾고 있다.
- 다리를 벌리고 앉는 여자는 이쪽을 애인보다는 친구로 생각한다는 뜻.

3. 식당에서

- 양식을 고집하는 여자는 무드를 좋아하고 화려한 것을 좋아하는 타입. 호텔에서 미리 방을 잡아 놓고 슬그머니 키를 내미는 방법이 매우 효과적이다.
- 한식이 좋다는 여자는 빨리 결혼하고 싶어하는 증거. 자기가 먼저 한식을 먹으러 가자고 말을 꺼냈다면 상대가 마음에 든다는 뜻.
- 남자가 있는 것도 개의치 않고 자신감 있게 소리내어 식사하는 여자는 호탕한 성격. 연약한 남자가 어울린다.

- 일식을 고집하는 여자는 사치와 허영이 심하고 금전적인 문제에 민감한 타입
- 중식을 고집하는 여자는 체격이 듬직한 남자를 선호한다.
- 지나칠 정도로 남자에게 신경을 쓰며 얌전히 식사하는 여자는 상대를 경계하거나 좌석이 불안하다는 뜻.
- 한 가지 반찬에만 집중적으로 손이 가는 여자는 다른 생각을 하고 있다는 뜻.
- 수저를 놓아 주고 물을 따라주는 여자는 예의를 중시하는 타입. 매너만 잘 지키면 쉽게 친해질 수 있다.
- 상대가 수저를 놓아주기를 바라는 여자는 대부분 대우를 받지 못하는 생활을 한 경우가 많다.
- 적은 양의 밥인데도 한두 숟갈 정도를 남기고 배가 불러서 못먹겠다는 여자는 상대에게 잘 보이려고 노력하고 있다는 증거.
- 밥을 3분의 1도 먹지 않고 수저를 놓는 여자는 이 자리가 거북하다는 뜻.

- 밥공기를 비우고 추가 주문을 하는 여자는 상대를 이성이 아닌 친구로 생각하고 있다는 증거.
- 식사는 별로 하지 않았는데 물만 마시는 여자는 초조해하고 있다는 증거.
- 식사한 뒤에는 반드시 커피를 마셔야 한다는 여자는 겉치레에 민감한 성격.
- 밥을 먹을 때 쩝쩝거리며 소리를 내는 여자는 가정교육을 제대로 받지 못했다는 뜻. 별로 좋은 집안은 아니다.
- 식당에서 안쪽으로 자리를 잡고 앉는 여자는 안정된 생활을 좋아하고 정문을 등지고 앉는 여자는 상대방에게 관심이 많다는 뜻.
- 양식을 먹을 때 스테이크를 미리 썰어놓고 먹는 여자는 화끈한 성격. 먹을 때마다 썰어 먹는 여자는 성감이 뛰어난 편.
- 식사를 마치자마자 화장을 고치는 여자는 낭비와 사치가 심하다.
- 식사를 급히 하는 여자는 한 번의 오르가즘으로 만족하고, 천천히 음

미하듯이 먹는 여자는 한 번의 섹스에서 여러 번의 오르가즘을 느끼는 타입.

● 식사를 하며 식당 안의 음악에 신경을 쓰는 여자는 식사를 마치고 2차를 가기를 바라고 있다는 뜻.

● 식사 도중, 이야기를 할 때 미소를 짓는 여자는 뭔가 마음을 감추고 있다는 뜻.

4. 술집에서

- 나이트클럽을 좋아하는 여자는 건강하다는 증거. 무드보다는 정열적인 섹스를 좋아한다.
- 가라오케를 좋아하는 여자는 무드에 약하고 남자 경험이 풍부하다는 뜻.
- 개인적인 춤보다는 이성간의 춤, 즉 블루스나 왈츠를 좋아하는 여자는 남자의 사랑이 그립다는 증거.
- 블루스를 출 때 엉덩이를 유난히 뒤로 빼는 여성은 현재 흥분 상태.
- 블루스를 추다가 갑자기 웃거나 미소를 짓는 여자는 성감이 뛰어나다.

● 춤을 출 때 스테이지 안쪽으로 파고드는 여자는 낮과 밤의 태도가 전혀 다른 타입. 낮에 요조숙녀처럼 보였다면 밤에는 창녀, 낮에 창녀처럼 헤프게 보였다면 밤에는 의외로 요조숙녀인 경우가 많다.

● 춤을 출 때 스테이지 가장자리를 선택하는 여자는 자신감에 차 있다는 증거. 그러나 성적으로는 미숙한 경우가 많다.

● 칵테일을 주문할 때 핑크레이디는 남자의 사랑을 기다린다는 뜻. 카카오는 상대를 경계한다는 뜻, 진토닉은 술맛을 안다는 뜻, 위스키 스트레이트는 뜨거운 정열의 소유자라는 뜻, 레인보우는 환상적인 사랑을 바란다는 뜻, 꼬냑이나 럼 종류의 칵테일은 오늘밤의 상대는 당신으로 정했다는 뜻이다.

● 맥주보다는 청주를, 청주보다는 소주를 선택하는 여자는 현재 마음이 불안한 상태.

● 위스키언더락을 주문해서 얼음이 녹기 전에 마시는 여자는 정열적인 타입. 얼음이 다 녹을 때까지 기다렸다가 마시는 여자는 남자의 신체적 구조를 잘 알고 있는 타입. 한 모금 정도 홀짝이는 여자는 상대를 경계하고 있다는 뜻.

● 잔을 비우기가 무섭게 연거푸 석 잔 이상을 들이키는 여자는 몸 관리가 허술한 타입.

● 유난히 자세에 신경을 쓰며 술 마시기를 거부하는 여자는 지나치게 상대를 경계하고 있거나 술집에서 일해 본 경험이 있는 여자.

● 가라오케에서 마이크를 서슴없이 잡는 여자는 순진한 타입. 계속 거절하다가 마지못해 잡는 듯 한 곡을 끝내고 그 다음부터는 서슴지 않고 마이크를 잡는 여자는 경계심이 강하고 순간적인 감정에 의해 상대를 선택하는 경우가 많다.

● 가라오케에서 노래를 부르는 것보다는 듣는 것을 좋아하는 여자는 참을성이 많고, 듣는 것보다는 부르는 것을 더 좋아하는 여자는 활동적

인 성격이다.

- 술집에서 약간 긴장된 표정으로 앉아 있다면 다음 코스를 생각하고 있다는 증거.
- 블루스를 추다가 한숨을 내쉬었다면 즉시 호텔로 직행할 것.
- 나이트클럽에서 지루박이나 왈츠를 흉내내려 하는 여자는 좀더 성숙해지고 싶어한다는 증거. 당신이 여성을 리드하는 데 자신 있다면 그녀를 사랑의 포로로 만들 수 있다.
- 약간 취기가 오른 상태에서 블루스를 추기를 원하는 여자는 당신을 믿는다는 증거.
- 춤을 추며 여자의 뺨에 모르는 척 자신의 뺨을 대어 보라. 흠칫해서 몸을 뒤로 뺀다면 오늘밤은 힘들다. 그러나 얼굴을 떼었다가 남자의 어깨쪽에 갖다 댄다면 당신이 마음에 든다는 증거.
- 술안주로 마른안주를 선택하는 여자는 술을 꽤 마시는 편이고, 과일안주를 선택하는 여자는 술보다는 사랑에 더 관심이 많으며, 다른 안

주를 선택하는 여자는 단순히 구경삼아 따라들어온 것이다. 그리고 안주 선택을 남자에게 맡긴다면 당신의 마음을 살피고 있다는 증거. 이럴 경우에는 과일안주부터 선택하라.

● 나이트클럽에서 맥주를 선택하는 여자는 다음부터는 칵테일바로 데려가는 것이 현명하다. 양주를 선택하는 여자는 뜨거운 사랑을 갈망한다는 뜻.

● 가수나 무희에게 관심을 보이는 여자는 환상적인 사랑을 원한다는 뜻.

5. 호텔에서

● 문단속에 신경을 쓰는 여자는 자기만의 공간을 고수하려고 애쓰는 타입. 질투심도 강하다.

● 온돌방보다 침대방을 선호하는 여자는 무드에 약하다.

● 온돌방을 선호하는 여자는 가정적인 타입.

● 욕실에 먼저 들어갔을 경우, 욕조에 물을 받아 놓고 나오는 여자는 청결한 것을 좋아한다.

● 들어서자마자 텔레비전부터 켜는 여자는 남자 경험이 풍부하다.

- 신발을 벗고 가지런히 정돈하는 여자는 당신을 결혼 상대로 생각한다는 뜻.
- 커튼 뒤의 창문이 닫혀 있는 것을 확인하는 여자는 뜨거운 감정을 가지고 있다.
- 방으로 들어서서 몸을 내던지듯 의자에 주저앉는 여자는 오늘 하루의 만남에 지쳐 있다는 뜻.
- 외부 전화 사용 방법을 확인하는 여자는 현재 불안한 심리 상태에 놓여 있다는 뜻.
- 옷을 벗어서 하나하나 옷걸이에 거는 여자는 가식적인 사랑을 하는 경우가 많다.
  예를 들면 거짓으로 오르가즘을 느낀 듯 요란한 동작을 취하는 것처럼.
- 옷을 벗어서 의자 위에 내던지는 여자는 현재 몸이 뜨겁게 달아 있다는 뜻.

- 이불 속에 누워 스스로 속옷을 벗는 여자는 남자를 리드하는 타입. 그녀는 지금 당신을 귀엽게 생각하고 있다는 뜻.
- 겉옷부터 남자가 벗겨주기를 기다리는 여자는 남자의 리드를 원한다는 타입. 그녀는 지금 당신의 손길을 기다리고 있다.
- 침대에 반듯이 누워 남자가 옷 벗는 것을 지켜보는 여자는 무슨 일이든 자기 손으로 직접 해야 속이 시원한 타입.
- 침대에 옆으로 누워 벽을 향해 고개를 돌리는 여자는 당신과의 사랑을 상상하고 있다는 증거.
- 침대에 옆으로 누워 남자쪽을 바라보는 여자는 적극적인 타입.
- 알몸이 되었을 때 즉시 다리를 꼬아 사타구니를 오무리는 여자는 처녀인 경우가 많다. 이런 여자를 리드할 때는 충분한 시간을 두고 애무를 하는 것이 좋다.
- 남자의 손길이 닿기도 전에 유두가 잔뜩 발기해 있다면 긴장하고 있거나 흥분을 잘 하는 타입. 단, 방이 춥지 않을 경우다.

- 남자의 손길이 닿자마자 눈을 감는 여자는 에고이스트가 많다.
- 미소를 지으며 신음소리를 흘리는 여자는 현재 육체적인 쾌락보다는 두 사람의 만남을 즐기고 있다는 뜻. 즉 당신의 리드가 어색하다는 뜻이니까 방법을 바꿀 것.
- 커니링그스(성기애무)를 하려고 할 때, 극단적으로 거부하는 여자는 성적으로 아직 미숙하다는 증거.
- 남자의 리드에 전적으로 몸을 맡기고 있는 여자는 가정적인 타입.
- 남자의 리드에 맞추어 적당히 몸을 움직이는 여자는 내조를 잘한다.
- 남자의 리드에 앞서서 적극적으로 행동을 취하는 여자는 가정문제에서도 남자를 리드하려 하는 타입.
- 육체적 접촉에 들어가기 전에 남자의 가족 관계에 대해 묻는 여자는 계산적인 타입.
- 육체적 접촉에 들어가기 전에 자신의 가족 관계를 이야기하는 여자는 정직한 타입.

- 성행위가 끝나자마자 남자의 얼굴을 뚫어지게 바라보는 여자는 다른 사람의 실수를 이해하려 하지 않는다.
- 성행위가 끝나고 눈을 감은 채 미소를 짓고 있는 여자는 당신을 믿는다는 증거.
- 성행위가 끝나고 곧장 욕실로 가는 여자는 성적으로 그다지 뛰어난 편이 못된다.
- 성행위가 끝나고 몸을 가리는 데 신경을 쓰는 여자는 아직 어리다는 뜻.
- 성행위가 끝나고 남자의 얼굴을 바라보지 않으려고 고개를 숙이고 있는 여자는 당신의 리드에 불만이 있다는 뜻.

6. 최고의 미녀, 최저의 추녀

- 입술이 두툼한 여자는 남자를 만족시킬 줄 아는 선천적 재능이 있다.
- 입이 넓게 튀어나온 여자는 마음이 넓고 남자의 어떤 요구에도 쉽게 응해 준다.
- 입 끝이 뾰족이 튀어나온 여자는 성감도 무디고 남자를 만족시키는 능력도 뒤떨어진다.
- 입술이 도톰하고 꼭 다물어진 작은 입은 명기의 소유자.
- 윗입술보다 아랫입술이 더 두툼한 여자는 포용력이 있고 몸이 뜨거운 타입.

- 아랫입술보다 윗입술이 더 튀어나온 여자는 몸 관리가 허술해서 남자에게 쉽게 넘어오며 성적으로 둔감한 타입.
- 입술 양끝이 위로 올라가서 마치 미소를 짓고 있는 것 같은 여자는 잠자리에서의 교성이 감미롭다.
- 입술 양끝이 밑으로 처진 여자는 질투가 심하고 성감도 무디면서 남자만 밝히는 타입.
- 입술이 얇고 지나치게 작은 여자는 음모의 숱이 적고 늦게 성에 눈뜨는 타입.
- 입술의 윤곽이 뚜렷하지 않은 여자는 두뇌회전이 느리고 몸 관리가 허술한 타입.
- 입술의 색이 선명한 붉은색이고, 아랫입술에 세로 주름이 많은 여자는 명기의 소유자.
- 콧대가 곧고 콧방울이 단단하고 또렷해 보이는 여자는 성감이 뛰어나고 유방의 애무에 약하다.

- 양 볼이 복스럽게 살이 쪄 있는 여자는 유방과 엉덩이의 살집이 풍만하고 엉덩이의 애무에 약하다.
- 코와 입이 전체적으로 뾰족하게 튀어나와 보이는 여자는 등줄기의 애무에 약하다. 성감은 무딘 편.
- 이마가 좁고 볼이 펑퍼짐한 세모꼴의 얼굴을 가진 여자는 성감도 무디고 게으르다.
- 눈이 맑으면서 물기에 젖어 있는 여자는 잠자리에서는 최고.
- 눈에 핏발이 자주 서고 물기가 없는 듯 허전해 보이는 여자는 불감증인 경우가 많다.
- 소리 내서 껌을 씹는 여자는 성감도 형편없고 수치를 모르는 타입.
- 눈꼬리가 치켜 올라가고 약간 들창코에 입이 뾰족이 튀어나온 여자는 잠자리에서 상대를 이용할 궁리만 하는 타입.
- 유방이 거의 없고 엉덩이가 큰 여자는 하체의 힘이 뛰어나 남자를 사로잡는 재주가 있다.

- 입이 넓고 큰데 튀어나오지 않은 여자는 오기가 강하고 남자에 대한 집착력이 강하다.
- 눈이 한쪽은 크고 한쪽은 작거나, 한쪽이 위로 올라가 있는 여자는 머리로 남자를 사로잡으려 한다. 성감은 뒤떨어지는 타입.
- 팔짱끼기를 좋아하는 여자는 자기의 남자를 어떻게 해서든 사로잡으려고 애쓰는 타입. 그 남자의 요구라면 무엇이든지 들어준다.
- 미니스커트를 즐겨 입는 여자는 성적인 호기심이 풍부하다는 뜻.
- 바지만을 즐겨 입는 여자는 성으로 미숙한 점이 많다.
- 드레스를 즐겨 입는 여자는 뜨거운 육체의 소유자.
- 남자와 손을 잡고 걷기를 좋아하는 여자는 성감이 뛰어나다.
- 눈을 자주 깜박이거나 눈알을 자주 굴리는 여자는, 변태적 행위에 약하다.
- 레즈비언에 빠지는 여자는 유방이 거의 없거나 늘어진 유방, 팔에는 털이 없는데 코밑이 거뭇거뭇한 경우, 일찍부터 이마에 주름이 잡히

는 경우, 그리고 손가락의 마디가 굵은 사람이거나 어깨가 솟아오른 경우가 많다.

- 코 주위나 입 주위에 점이 있는 여자는 쉽게 넘어온다.
- 목이 가늘고 긴 여자는 잠자리에서의 교성이 뛰어나다.
- 몸에 꼭 끼는 바지를 즐겨 입는 여자는 성적으로 민감한 타입.
- 헐렁한 바지를 즐겨 입는 여자는 자신감이 부족하다.
- 손이 차가운 여자는 몸이 뜨겁다.
- 손이 따뜻한 여자는 음핵에 의한 애무에 약하다.
- 웃을 때 목젖이 보이는 여자는 어떤 체위에도 쉽게 응하다.
- 꽃을 보면 아름다움을, 음식은 깨끗한 것부터 따지는 여자는 뜻밖으로 성적으로는 미숙한 점이 많다.
- 코끝이 뾰족한 여자는 남자의 리드에 쉽게 따라주지 않고 정상위만을 고집하는 경우가 많다.
- 손으로 입을 가리고 웃는 여자는 잠자리에서 수동적이다.

- 귀가 붉은색으로 물들어 있는 여자는 성감이 뛰어날 뿐만 아니라 몸 또한 뜨겁다.
- 입술이 파리한 색이거나 얼룩진 것처럼 핏기가 죽어 있는 여자는 부인병을 앓고 있다는 증거.
- 발목이 가는 여자는 질의 수축력이 뛰어나다.
- 청바지를 입었을 때 정면에서 보아 계곡의 각도가 예리하고 좁을수록 질이 깊고 좁다. 아랫배가 나오지 않았다는 증거니까.
- 인중의 선이 뚜렷하고 깊이 패여 있을수록 질이 좁다.
- 콧등이 주저앉고 들창코인 여자는 후배위에 약하다.
- 콧구멍이 큰 여자는 남자의 성기의 크기를 중요시한다.
- 팔에 털이 있는 여성은 감도가 뛰어나다.
- 얼굴에 기름이 많은 여자는 암내를 강하게 풍긴다.
- 음식을 먹거나 꽃을 살 때 냄새부터 맡아보는 여자는 남자를 충분히 만족시킬 줄 안다.

● 웃을 때 허리를 젖히고 크게 웃어대는 여자는 잠자리에서도 요란하기
  짝이 없다.
● 발가락을 자주 움직이는 여자는 성감이 뛰어나다.
● 무슨 일에나 톡톡 끼어들어 참견을 잘하는 여자는 잠자리에서 서툰
  타입.

7. 그녀의 오르가즘

- 애무를 할 때 여자의 흥분 상태를 알아보려면 귀를 지켜볼 것. 정말로 흥분하는 여자는 귀가 점점 발그레한 붉은빛으로 변한다.
- 애무하는 도중에 마치 포르노테이프에서처럼 심한 신음소리를 내는 것은 거짓. 끊어질 듯 입술을 깨무는 동작이 진실된 표현.
- 남자가 애무를 할 때 몸의 다른 부분으로 남자의 손을 이끌거나 자신의 손으로 만지는 것은 그곳을 애무해 주기를 바라는 뜻. 그녀는 진심으로 당신과의 관계를 즐기고 있다.

- 몸에 손을 대는 것만으로 신음소리를 내뱉는 여자는 연기를 하는 것.
- 남자가 애무를 할 때 스스로 자신의 몸을 만지는 여자는 남자의 애무에 불만이라는 뜻.
- 여자가 남자의 손을 으스러질 듯 강하게 움켜쥐거나 등을 끌어안고 고개를 뒤로 젖히는 동작을 되풀이하는 것은 절정기의 신호.
- 오르가즘을 원할 때는 양다리로 남자의 허리를 끌어안아 치골에의 강한 자극을 유도하고 오르가즘을 느끼는 순간에는 발가락이 뒤로 젖혀지는 동작이 나타난다.
- 오르가즘을 느낄 때, 여자는 자신을 컨트롤하는 것이 거의 불가능한데, 스스로 키스를 요구하거나 남자의 얼굴을 바라보며 흥분된 모습을 보이는 것은 가짜.
- 영화에서처럼 침대시트를 강하게 움켜쥐는 동작은 가짜 오르가즘일 확률이 높다. 여자가 절정에 이르면 남자의 몸을 끌어안으려 하는 것이 보통인데 침대시트를 움켜쥐고 몸을 비튼다는 것은 마치 남자 경험이 거의 없었다는 것을 시사하기 위한 몸놀림에 지나지 않는다.

- 남자의 허리 움직임에 맞추어 심하게 엉덩이를 흔드는 것을 보고 꽤 좋아하고 있다는 식으로 생각하는 것은 오산. 오히려 빨리 끝내주기를 바라는 동작으로 보아야 한다. 남자의 엉덩이를 끌어안는 동작은 더욱 깊이 받아들이기 위한 동작. 즉, 현재 상태에 불만이라는 뜻.
- 어린아이처럼 남자에게 팔베개를 해 주기를 원하며 남자의 가슴에 얼굴을 묻는 여자는 만족했다는 증거.
- 만족을 얻은 여자는 행위가 끝난 뒤에 권하는 음료수를 마다하지 않는다.
- 유방을 살짝 어루만진 것만으로 유두가 고개를 든다면 만족했다는 증거.
- 남자의 머리를 끌어 안고 어머니처럼 다정한 말을 속삭이는 여자는 만족하지 않았다는 증거.
- 행위가 끝난 뒤에 즉시 화장실로 가거나 속옷을 입는 여자는 만족하지 않았다는 증거.
- 하체를 남자에게 바짝 밀착시키는 여자는 만족했다는 증거.

● 상체는 밀착되어 있지만, 하체는 남자에게서 멀리 떨어져 있다면 만족하지 않았다는 증거. 또는 아직 성에 대해 두려움을 가지고 있다는 뜻. 이런 모습은 처녀가 첫 경험을 한 뒤에 보이는 것으로 경험이 풍부한 여성에게서는 보기 힘들기 때문이다.

8. 그녀의 흥분도 체크

　내 여자가 얼마나 풍부한 감정과 타오르기 쉬운 육체를 가지고 있는지 미리 알 수 있는 방법은 없을까?

　예문에 있는 내용과 그녀를 비교해 보고 체크를 하는 것으로 그것을 알아 보자. 그녀에게 직접 체크해 달라는 것도 좋은 방법.

① 음식을 먹을 때 가장 좋아하는 것부터 젓가락이 간다.

② 노브라 상태에서 옷을 입는 것만으로 유두가 발기한다.

③ 비디오테이프 대여점에 들어가면 에로물이나 성인용 비디오영화에 관심을 갖는다.

④ 간지러움을 많이 타는 편이라 옆구리에 손만 닿아도 자지러질 듯 몸을 움츠린다.

⑤ 남자의 냄새에 민감해서 로션이나 향수에 관심을 보인다.

⑥ 자신의 몸매 사이즈를 정확히 알면서도 늘 약간씩 속여서 말한다.

⑦ 어린시절에 아버지가 목욕을 시켜 준 적이 많았다. 또는 성인이 되었는데도 아버지를 아빠라고 부른다.

⑧ 여자친구들 앞에서는 음담패설을 터놓고 주고 받으면서도 남자들 앞에서는 새침을 떠는 자신을 귀엽다고 생각한다.

⑨ 적어도 한 개 이상의 특정적인 과일을 좋아해서 과일가게에 가면 빼놓지 않고 사는 것이 있다.

⑩ 목욕탕에 가면 반드시 자신의 몸과 다른 여자의 몸을 비교해 보는 습관이 있다.

⑪ 콘서트나 스포츠 관람을 좋아하는 편. 흥분하면 자리에서 일어나 소리를 지르며 열광한다.

⑫ 여름이든 겨울이든 만약의 경우에 대비해서 쓸모 없는 털은 반드시

제거해 둔다.

⑬ 대화를 하는 도중에 남자의 신체적 구조에 대한 이야기를 듣는 것만
으로 귀밑이 빨갛게 달아오른 경험이 있다.

⑭ 공원이나 유원지 같은 곳에 있는 청룡열차 따위의 빠른 속도감을 즐
긴다. 또는 그런 것을 타고 나면 화장실에 가야 할 정도로 하체가 젖
는다.

⑮ 엘리베이터 같은 밀실에 모르는 남자와 단 둘이 있게 될 경우, 그 사
람에게 강간을 당하는 공상을 한다.

⑯ 러브호텔에 들어갈 때 분위기와 방음에 신경을 쓴다.

⑰ 정기적인 섹스를 하면 컨디션에 이상이 없는데, 그렇지 않을 경우에
는 생리불순이나 생리통 같은 변화가 온다.

⑱ 친구들의 성적체험이나 잡지의 체험수기를 즐겨 읽는다. 그리고 그
지식을 반드시 활용하려고 노력한다.

⑲ 식사는 남기지 않고 깨끗이 먹어 치운다.

⑳ 따분하고 무료할 때는 손톱을 깨무는 버릇이 있다.

㉑ 혈압은 높은 편. 아침에 자명종시계가 울리면 즉시 눌러서 꺼버린다.

㉒ 가라오케에서는 남자와 둘이 듀엣송을 부르는 것을 좋아한다. 그래서 듀엣곡을 최소한 5곡 이상 알고 있다.

㉓ 침대 옆에는 늘 커다란 봉제인형 따위가 놓여 있다. 그것을 끌어안고 잠을 자는 경우가 많다.

㉔ 텅 빈 지하철보다는 꼼짝도 할 수 없을 정도로 사람들이 가득 찬 지하철을 타는 것이 좋다.

㉕ 머리카락 이외의 털은 비교적 적은 편. 그러나 음모는 짙은 색.

㉖ 디스코텍이나 락카페에서 가장 마음에 드는 시간은 음악이 블루스로 바뀔 때. 남자가 말을 걸어오지 않을 경우, 스스로 남자에게 말을 건 적도 있다.

㉗ 불꽃놀이를 지켜본 뒤에는 멍한 시선으로 한동안 밤하늘을 바라본다.

㉘ 섹스를 한 상대, 시기, 장소, 또는 첫경험을 한 날짜를 일기장 같은 곳에 기록해 두고 있다. 그리고 가끔씩 그것을 들추어 보며 회상에 젖는다.

㉙ 운동을 한 뒤에 땀에 젖은 자신의 몸을 바라보고 상쾌한 감각을 느낀다. 샤워를 할 때는 반드시 거울을 바라보며 자신의 몸매를 감상한다.
㉚ 이 세상에서 자기를 가장 사랑한다.

• ● •

체크하는 방법

〈Yes〉가 1-5인 경우

섹스따위는 싫다는 결벽증 타입. 이대로는 결혼하기도 힘들다. 좀 더 자신과 사람을 사랑하도록.

〈Yes〉가 6-10인 경우

지식도 풍부하고 흥미도 있지만 웬지 남자의 손길에 거부감이 느껴지고, 섹스를 하면 고통이 느껴지는 타입. 아직 미숙할 뿐이다. 성숙한 여자가 되도록 남자의 신체적 구조를 올바르게 인식할 것.

〈Yes〉가 11-15인 경우

전화나 음핵의 애무에 의해 절정을 느껴본 적은 있지만 삽입에 의해서는 아직 절정감을 맛본 적이 없다. 좀 더 적극적으로 노력해야 할 타입.

〈Yes〉가 16-20인 경우

상대에 따라 절정감을 맛보는 타입. 그 때문에 거짓 오르가즘을 연기하기도 한다. 신경질적인 성격. 섹스는 인간적 이성이 하는 것이 아니라 동물적 본능이 하는 것이다. 마음을 비울 것.

〈Yes〉가 21-25인 경우

한 번의 섹스에서 한 번의 절정을 맛보는 타입. 즉, 한 번의 절정으로 만족하는 타입. 남자를 기쁘게 만드는 방법을 모르는 자기중심적인 여자.

〈Yes〉가 26-30인 경우

최고로 음란한 여자. 한 번의 섹스에서 3번 이상의 절정감을 느끼고도 계속해서 더욱 강한 절정을 향해 노력하는 과격파. 남자도 충분히 만족시킬 줄 안다.

이상으로 그녀의 흥분도는 어느 정도인지 알 수 있을 것이다.
한 번쯤 체크해 보는 것이 어떨까.

05
여자의 시선

플레이걸의 재치있는 눈

1. 거리에서

- 고개를 숙이고 걷는 남자는 자신감이 없다는 증거. 또는 현실에 불만을 가지고 있다. 염세주의적인 성격.
- 어깨를 위아래로 흔들며 걷는 남자는 경솔하다. 그의 말은 절반만 믿을 것.
- 어깨를 좌우로 흔들며 걷는 남자는 자기중심적. 성적인 테크닉도 무딘 편이고 포르노그래피를 좋아한다. 도박심리도 강한 편.
- 어깨를 한껏 젖히고 또박또박 걷는 남자는 자신감에 차 있고 현재 상태에 만족하고 있다는 뜻. 자존심이 강한 대신 이용당하기 쉽다.
- 허리를 구부리고 주머니에 손을 찔러넣은 모습으로 걷는 남자는 외롭

다는 증거. 현재 자기의 주위에 믿을 만한 상대가 없다. 성적으로도 자신이 없는 상태.

- 함께 걷는 친구의 어깨에 팔을 올려 놓고 걷는 남자는 거짓말을 잘 한다.
- 거리에 서 있을 때 자주 팔짱을 끼는 남자는 고집이 세고 자기만의 성을 확고하게 지키려 한다. 하지만 정에 약해서 여자에게 쉽게 넘어올 타입.
- 아래턱을 움직이며 걷는 남자는 말만 앞서는 타입. 책임도 지지 못할 일을 저지르기만 할 뿐 해결은 남에게 의지한다.
- 길을 걸을 때 두리번거리는 남자는 심리 상태가 불안하다는 뜻. 주거지가 안정되어 있지 않고 직장에서의 지위도 불안해서 공상을 좋아한다.
- 손에 물건을 들고 걷는 것을 극단적으로 싫어하는 남자는 배타주의적 성격. 자기만의 아성을 고집한다. 또한 편한 것을 좋아하는 성격이기도 해서 자유를 구속당하는 것을 기피한다. 즉, 직장생활은 맞지 않는 성격.

- 눈을 굴리며 길을 걷는 남자는 거짓말을 잘 하는 타입. 또한 심리 상태도 불안하다는 뜻.
- 걸음이 빠른 남자는 소심하고 말도 빠르다. 성격도 급해서 머리회전은 좋지만 일 처리에서 실수하는 경우가 많다.
- 종종걸음으로 땅만 바라보고 걷는 남자는 현재 책임져야 할 어떤 일을 제대로 처리하지 못하고 있다는 뜻. 정력이 약한 편.
- 지나치게 걸음이 느린 남자는 게으르다는 증거. 마른 체격일 경우에는 뭔가 지병이 있다는 뜻이고, 뚱뚱한 체격일 경우에는 여자를 만족시켜 주지 못한다.
- 길을 걸으며 상점을 기웃거리는 남자는 현재 하는 일에 만족하지 않고 있다는 뜻. 뭔가 다른 일을 생각하고 있다.
- 팔을 흔들며 걷는 남자는 작은 일에 만족하는 성격. 현재는 만족스럽다는 증거. 하지만 별 것 아닌 일인 경우가 많다.
- 버스정류장에서 왔다갔다하며 버스를 기다리는 남자는 초조해하는 성격. 뭔가 일이 될 듯 될 듯 하면서도 제대로 풀리지 않고 있다.

- 길을 걸으며 바지의 허리춤에 신경을 쓰는 남자는 자기의 몸에 자신이 없다는 뜻.
- 길을 걸으며 담배를 피우는 남자는 외로움을 참지 못하는 성격. 당신의 부드러운 손길로 감싸주는 것이 어떨지.
- 팔자걸음을 걷는 남자는 게으른 성격. 주위의 사람을 귀찮게 하고 또한 신경질적이다.
- 손가락으로 눈을 자주 비비는 남자는 공상가.
- 노래를 흥얼거리며 걷는 남자는 자기만의 공간을 고수하는 성격.
- 배를 내밀고 걷는 남자는 이기적인 성격.
- 버스나 지하철을 기다리며 쪼그리고 앉아 있는 남자는 참을성이 없다.
- 입가에 웃음을 띠고 걷는 남자는 세상에 불만이 많은 타입.
- 쇼윈도우 안의 상품을 뚫어지게 바라보는 남자는 현재 경제적인 여유가 없다는 뜻.
- 흐트러지지 않은 자세로 똑바로 걷는 남자는 완벽주의자.

2. 커피숍에서

● 고개를 숙이고 신문이나 책만 들여다 보고 있는 남자는 남의 일에 관심을 가지지 않는 타입. 또한 남이 자기의 일에 관심을 갖는 것도 싫어한다.

● 담배를 자주 피우는 남자는 급한 성격의 소유자.

● 다방에서 텔레비전만 바라보고 앉아 있는 사람은 소극적인 성격. 현재의 생활에 불만이 많다.

● 큰소리로 웃는 남자는 호탕한 성격. 자신감도 충분하고 적극적이다.

● 살짝 미소만 지을 정도로 웃는 남자는 지적으로 자신감이 있는 타입. 엘리트 요소가 강해서 지적능력이 뒤지는 사람을 극단적으로

무시한다.

● 화장실에 자주 가는 남자는 성적으로 나약하다는 증거.

● 대화를 할 때 고개를 숙이는 남자는 거짓말을 잘한다. 자신감도 결여되어 있다는 뜻.

● 대화를 할 때 눈을 자주 깜박이거나 눈망울을 굴리거나 곁눈질을 하는 남자는 거짓말을 잘한다.

● 평상시에는 조용히 이야기하다가 사치품이나 양담배를 주문하는 것 같은 이야기를 할 때는 목소리가 커지는 남자는 허풍이 심하고 허영에 가득 차 있는 타입. 돈 거래는 물론이고 그 남자의 말은 일단 믿지 않는 것이 좋다.

● 다방에서 커피를 주문하며 특별한 요구, 예를 들어 블랙커피라든가 양은 적게 달라든가 하는 요구를 하는 남자는 지나치게 자존심을 내세우고 또 그 자존심 때문에 허세를 부리는 성격.

● 대화를 하며 시계를 자주 들여다 보는 것은 이쪽의 이야기에 관심이 없다는 뜻.

- 대화를 하며 표정에 거의 변화가 없는 남자는 이쪽의 이야기에 관심이 없거나 자기만의 영역에 다른 사람을 개입시키지 않으려는 독선적인 성격의 소유자.
- 몸을 내던지듯 의자에 앉는 남자는 현재 몸이 지쳐 있다는 증거.
- 팔걸이에 턱을 고이고 앉는 남자는 마음을 털어놓을 상대를 찾고 있다는 뜻.
- 두 다리를 벌리고 앉는 남자는 자신감에 차 있다는 증거.
- 한쪽 다리 위에 다른쪽 다리를 걸쳐서 앞에서 볼 때 기역자 형태로 앉는 남자는 건강에 자신이 있다는 뜻.
- 다리를 꼬고 앉았을 때 시옷자 형태가 되는 사람은 여성적인 성격.
- 팔을 벌려 의자등받이에 손을 걸치는 남자는 포용력이 있다.
- 상체를 내밀고 이야기하는 남자는 급한 성격. 자기주장이 강하다.
- 대화를 나눌 때 팔짱을 끼는 남자는 상대방을 경계하고 있다는 증거.
- 커피나 홍차 같은 차 종류보다는 주스나 우유를 마시는 남자는 건강에 관심이 많다.

- 국산차를 즐겨 마시는 남자는 남성 우월주의에 젖어 있는 경우가 많다.
- 이야기를 할 때 눈썹이 꿈틀거리는 남자는 과격한 성격.
- 이야기를 할 때 몸동작이 요란한 사람은 자신을 돋보이고 싶어하는 타입. 뜻밖으로 별 볼일 없는 사람인 경우가 많다.
- 이야기를 하는 도중에 자세가 거의 흐트러지지 않는 사람은 생활에 여유가 있는 편.
- 모자를 쓰고 다니는 남자는 내성적이고 사람과의 만남을 싫어한다.
- 커피를 마실 때 설탕부터 넣는 남자는 커피 마시는 방법에 대해 자세히 모르고 있는 사람일 경우, 사랑에 쉽게 빠지는 타입.
- 커피를 마실 때 크림부터 넣는 남자는 공상 속의 사랑을 즐기는 타입. 그는 옆에 있는 여자보다 다른 여자에게 더 관심을 보인다.
- 블랙커피만을 고집하는 사람은 싫고 좋은 기호가 분명하다.
- 여자와의 만남에서 복장에 거의 신경을 쓰지 않는 사람은 구두쇠일 가능성이 높다.

- 여자와의 만남에서 지나치게 화려한 복장을 고집하는 사람은 자신에 대해 콤플렉스가 있다.
- 양복을 즐겨 입는 남자는 까다롭고 격식을 중요시하는 성격.
- 점퍼를 즐겨 입는 남자는 활동적인 성격.
- 스웨터를 즐겨 입는 남자는 무드 조성에 강하다.
- 끈을 매는 구두를 즐겨 신는 남자는 확실한 것을 좋아하고 자신의 아성을 지키려는 집념이 강하다.
- 거친 신발, 예를 들면 워커류나 단단한 가죽구두 같은 것을 즐겨 신는 남자는 정력적으로 강하다고 자부하는 성격.
- 주니어나 틴에이저풍의 신발을 즐겨 신는 남자는 유머가 풍부하고 밝은 성격.
- 수염을 기르고 다니는 남자는 사람들이 자기를 알아주기를 바라는 타입.
- 음료를 주문할 때 여자가 선택한 걸 함께 주문한다면 당신에게 호감을 느낀다는 뜻.

- 주문을 할 때 자기 먼저 주문하고 여자의 뜻을 물어보는 남자는 당신을 사회적인 만남의 상대로 여기고 있다는 뜻.
- 메뉴를 내밀고 여자에게 주문할 뜻을 물어보는 남자는 그 여자의 속마음을 읽고 싶어한다는 증거.
- 공중전화가 비어 있는데도 핸드폰을 꺼내 사용하는 사람은 허영심이 강하다.
- 여자의 아름다움을 자주 입에 담는 남자는 당신의 육체를 탐내고 있는 것이다.
- 여자에게 먼저 담배를 권하는 남자는 보수적이다. 당신을 떠보기 위한 행동으로 보는 것이 좋다.
- 성적인 이야기를 기피하는 남자는 여자를 다루는 데 서투르거나 변태적인 사랑에 빠질 가능성이 높다.
- 여자와의 만남에서 직장이나 전공 분야의 이야기를 꺼내는 남자는 무드를 모른다.
- 늘 바쁘다고 투덜대는 남자는 별 볼일 없는 사람.

● 시간관념이 철저한 사람은 까다로운 성격.
● 여자가 약속시간보다 늦게 나타났을 때 괜찮다며 웃어 보이는 남자는
  반드시 그 보복을 한다.

3. 식당에서

● 양식을 선택하는 남자는 둘 만의 공간을 원하고 있다는 뜻.

● 일식을 선택하는 남자는 허세 부리기를 좋아한다.

● 중식을 선택하는 남자는 재력을 과시하려는 것.

● 한식을 선택하는 남자는 정말로 배가 고픈 것.

● 급하게 식사를 하는 남자는 분위기 조성에 서투르다. 여자를 리드할 때 자기중심적.

● 천천히 여유 있게 식사를 하는 남자는 여자에 대한 자신감에 차 있다.

● 에티켓 교본에 나오듯이 지나치게 여자를 의식하며 식사를 하는 남자는 보수적.

● 한 가지 반찬에만 집중적으로 손이 가는 남자는 한 여자를 사귀면 다른 여자를 사귈 줄 모르는 외골수적인 성격.

- 여자가 수저를 놓아주기를 기다리는 남자는 심리적으로 상대를 제압했다고 자신하고 있다는 뜻.
- 밥그릇에 밥알이 한 개도 남지 않도록 깨끗이 먹어치우는 남자는 여자의 부정을 용납하지 않는다.
- 밥그릇에 밥알이 덕지덕지 붙은 채 식사를 마치는 남자는 뒷처리가 깨끗하지 못하다.
- 식사를 하며 말이 거의 없는 남자는 긴장하고 있다는 뜻.
- 양식을 먹으며 맥주를 주문하는 남자는 현재의 분위기를 좀 더 편안한 쪽으로 바꾸고 싶어한다는 뜻.
- 식사를 할 때 지나치게 쩝쩝거리는 소리를 내거나 젓가락질을 똑바로 하지 못하는 남자는 가정교육을 제대로 받지 못했다는 의미.
- 식사를 하며 주위의 소란스러움에 신경질적인 반응을 보이는 남자는 당신을 애인으로 사귀고 싶어한다는 뜻.
  만약 애인 사이라면 둘만의 공간을 유지하고 싶어한다는 뜻. 즉, 당신을 사랑하고 있다는 의미.
- 식당에 들어가 겉옷을 벗지 않는 남자는 자신감이 결여되어 있다.

- 상대가 식사를 하고 있는데 먼저 식사를 마치고 담배를 피우는 남자는 보수적.
- 식당으로 들어갔을 때 방으로 들어가는 남자는 당신의 육체에 관심이 많다는 뜻.
- 식당에서 반드시 테이블 좌석에만 앉는 남자는 뭔가 콤플렉스를 가지고 있다.
- 일식이나 양식을 먹으며 한식에 대해 비평을 하는 남자는 허영심이 강하고 실속이 없는 타입.
- 반찬을 거의 먹지 않고 밥만 비우는 남자는 초조해하고 있다는 증거.
- 밥은 거의 손대지 않고 반찬만 드문드문 손대는 남자는 여자 경험이 풍부하다.
- 다리를 꼬고 앉아 식사를 하는 남자는 고집이 세다.
- 계산을 하러 나갈 때 허리가 구부정하거나 어깨를 움츠리는 남자는 경제적인 여유가 없는 사람. 어깨를 펴고 거만하게 계산을 하는 사람은 공치사를 잘한다.

4. 술집에서

- 나이트클럽을 좋아하는 남자는 성적으로 미숙하지만 정열적인 타입.
- 가라오케를 좋아하는 남자는 여자에게 심하게 배신당한 경험이 있다.
- 춤을 출 때 오른손을 여자의 등쪽에 대는 남자는 여자에 대해 자신감에 차 있다.
- 춤을 출 때 오른손을 여자의 허리쪽에 대는 남자는 춤 자체를 멋지게 소화하기 위해 노력하고 있다는 뜻.
- 춤을 출 때 오른손을 여자의 엉덩이쪽에 대는 남자는 오로지 섹스에만 관심이 있다는 뜻.
- 디스코텍에서 춤은 거의 추지 않고 테이블에만 앉아 있는 남자는 소

극적인 성격.

● 술을 두 가지 이상 섞어 마시는 남자는 결혼을 했을 때 섹스의 횟수가 적다.

● 블루스를 추며 엉덩이를 흔드는 남자는 기분파.

● 블루스를 출 때 반회전 이상의 스텝을 두 번 이상 밟는 남자는 여자를 리드하는 감각이 뛰어나다.

● 블루스를 출 때 하체가 긴장되는 남자는 완벽주의자.

● 마이크를 잡고 노래를 할 때 유난히 몸을 움직이는 사람은 기분파.

● 뛰어난 노래 솜씨를 가지고 있으면서 점잖게 노래하는 남자는 여자 경험이 풍부하다.

● 술을 마셔도 자세가 거의 흐트러지지 않는 남자는 정신력이 강하고 절제력이 있다.

● 술집에 들어서자마자 사람이 바뀐 듯이 자세가 흐트러지는 남자는 씀 씀이가 헤프다.

● 명랑한 노래를 즐겨 부르는 남자는 유머가 풍부하고 밝은 성격.

● 우수에 젖은 노래를 즐겨 부르는 남자는 여자 경험이 풍부하고 여성 을 사로잡는 매력이 있다.

- 소파에 앉을 때 여자의 왼쪽에 앉는 남자는 마마보이일 가능성이 높다.
- 웨이터에게도 정중하게 존대말을 사용하는 남자는 맺고 끊는 것이 분명한 성격. 단, 굽신거리는 말투가 아니어야 한다.
- 술집에서 여자들이 담배를 피우는 모습이나 술에 취해 비틀거리는 모습을 비판하는 남자는 이해심이 부족하다.
- 칵테일바에서 선호하는 칵테일이 분명하게 있는 남자는 정열적인 사랑을 한다.
- 칵테일바에서 스트레이트를 좋아하는 남자는 성격이 불처럼 화끈하다.
- 칵테일바에서 일반적인 칵테일, 예를 들면 진토닉이나 위스키언더락 같은 것을 주문하는 남자는 여자에 대해 잘 모르고 있다.
- 칵테일바를 좋아하는 남자는 분위기를 연출하는 탁월한 능력이 있다. 여자 경험도 성숙한 편.
- 무대 위의 무희나 가수에게 시선이 머물러 있는 남자는 여자와의 육체적인 관계를 원하고 있다는 뜻.
- 칵테일바에서 바텐더에게 필요 이상의 말을 두 번 이상 건네는 남자

는 이것저것 참견하기를 좋아하고 비평하기를 좋아하는 타입.

● 술집에서도 전혀 자세가 흐트러지지 않고 여자의 몸에 손도 대지 않으려 하는 남자는 낮과 밤이 분명하게 구분되어 있는 타입. 낮에는 신사, 밤에는 카사노바 같은 사람.

● 과일을 한입에 먹어치우는 남자는 여자를 다룰 때 직선적, 서너 번 이상 조금씩 베어먹는 남자는 여자를 다룰 때 악기를 다루듯 섬세한 면이 있다.

● 상체를 앞으로 기울이고 무대를 바라보는 남자는 술집 경험이 부족하다. 다시 말해서 여자를 다루는 분위기 연출도 서투르다는 증거.

● 블루스를 추며 여자를 구석쪽으로 유도해가는 남자는 당신에게 자신의 인상을 강하게 심어 주고 싶어한다는 증거.

● 술집에서 남자가 하품을 했다면 모션을 분명하게 취해 줄 것. 그는 지금 초조해 하고 있다.

5. 호텔에서

- 문단속에 신경을 쓰는 남자는 소심한 성격. 여자의 부정을 용서하지 않는 타입.
- 침대방을 선택하는 남자는 테크닉이 뛰어난 사람.
- 온돌방을 선택하는 남자는 둘 중의 하나. 건강에 적신호가 들어왔거나 자신의 남성에 자신이 있다는 뜻.
- 방으로 들어서서 룸서비스에게 술을 주문하는 남자는 분위기를 중요하게 여긴다.
- 여자에게 먼저 욕실을 사용하라고 말하는 남자는 현재 심리상태가 초조하다는 뜻.
- 욕실에서 나올 때 알몸인 상태로 나오는 남자는 자신감에 가득 차 있

다는 증거.

● 침대에 누울 때 벽쪽이든 그 반대쪽이든 여자의 오른쪽에 눕는 남자
는 테크닉에 자신이 있다는 뜻.

● 행위에 들어가기 전에 적어도 10분 이상 침대에 누워 이야기를 나누
려는 남자는 여자 경험이 풍부하다.

● 여자를 애무할 때 기본적인 패턴에서 벗어난 방법으로 온몸을 한 번
씩 터치해 보는 남자는 여자의 성감대를 찾아내는 데 뛰어난 사람.
당신을 충분히 만족시켜 줄 수 있을 것이다.

● 전화를 할 때 여자의 등줄기나 발을 터치하는 남자는 상당한 경력의
소유자. 오늘밤은 모든 것을 그에게 맡길 것.

● 손놀림이나 입놀림이 어딘가 어색한 남자는 여자에게 자신감이 없다.
차분하게 리드해 줄 것.

● 성기 애무를 하지 않는 남자는 성적으로 미숙하거나 결백한 사람.

● 행위를 하다가 여자가 만족한 것을 확인하고 중간에 다시 애무부터
시작하는 남자는 여자의 신체적 구조에 대해 자세히 알고 있다. 바람
둥이 타입.

- 행위를 하는 도중에 부드러운 말투로 여자의 감정을 고조시킬 줄 아는 남자는 애처가가 될 타입. 단, 그의 바람기는 잡기 어렵다.
- 행위에 들어가기 전에 불을 꺼서 방을 어둡게 만드는 남자는 공상력은 풍부하지만 실천적이지 못하다.
- 조명에 신경을 쓰는 남자는 분위기를 즐긴다.
- 불을 켜고 행위에 들어가는 남자는 지나친 자신감에 차 있다. 그러나 자기중심적인 경우가 많다.
- 여자가 욕실로 들어갔을 때 즉시 따라 들어가는 남자는 분위기보다는 섹스 자체에만 관심이 있다는 증거.
- 여자보다 먼저 눈을 감고 키스를 하는 남자는 리드를 하는 것보다 당하는 것을 좋아하는 타입.
- 여자는 만족하지도 않는 상태에서 체위만 바꾸는 남자는 자만에 차 있는 사람. 지나치게 자기중심적이어서 이해시키는 데 많은 노력이 필요하다.
- 행위가 끝나고도 잠시 동안 두 사람의 몸이 이어진 채 분위기를 즐기며 여자의 귓가에 사랑한다는 말을 속삭이는 남자는 앞으로도 여자

를 충분히 만족시켜 줄 수 있는 타입.

● 행위가 끝나고 여자의 뒷처리까지 해 주는 남자는 여자의 육체 자체
를 아름답게 여기는 타입.

● 행위가 끝나고 자기의 뒷처리만 하거나 욕실로 직행하는 남자는 자기
중심적.

● 행위가 끝나고 곧장 잠이 드는 남자는 정력이 약한 타입. 대부분 조루
이거나 정상위만 고집하는 타입이 많다.

● 정상위보다 후배위를 좋아하는 남자는 폭력적인 성격.

● 여성상위인 기승위를 좋아하는 남자는 게으른 성격.

● 여자도 행위에 참가할 수 있도록 자연스럽게 리드하는 남자는 가정적
인 성격.

● 여자의 발에 신경을 쓰는 남자는 여자는 반드시 오르가즘을 느껴야
한다고 생각하는 희생적인 성격.

● 말도 없고 특별한 변화도 없이 오로지 행위 자체에만 열중하는 남자
는 정력 과잉 상태이거나 섹스를 기분풀이 대상으로 생각하는 사람.

● 간지러움을 잘 타는 남자는 섹스를 좋아한다.

6. 최고의 미남, 최저의 추남

● 입술이 두꺼운 남자는 정력은 상하지만 자기중심적.

● 입이 넓게 튀어나온 남자는 여자를 편하게 해 준다.

● 입 끝이 뾰족하게 튀어나온 남자는 정력도 약하고 조루일 가능성이 많다.

● 입술이 도톰하고 단단히 다물어진 믿음직한 입을 가진 남자는 발기력이 좋다.

● 입이 큰 남자는 정력이 좋다.

● 아랫입술보다 윗입술이 더 튀어나온 남자는 여자에게 약하다.

● 윗입술보다 아랫입술이 더 튀어나온 남자는 이기적이고 여자가 리드

해 주기를 바라는 타입.

- 입술이 얇고 입이 작은 남자는 정력이 약하다.
- 입이 옆으로 길게 찢어져 있는 모양의 남자는 실속은 별로 없이 허풍만 세다.
- 윗입술이 말려 올라간 남자는 감정에 약하다.
- 눈에 힘이 있어 보이는 남자는 정력이 뛰어나다.
- 눈에 힘이 없는 남자는 자신감이 결여되어 있다.
- 눈에 물기가 촉촉해 보이는 남자는 여자를 밝힌다.
- 눈에 쌍꺼풀 이상의 주름이 잡힌 남자는 여자를 다루는 능력이 뛰어나다.
- 아래 눈꺼풀이 두툼하게 튀어나온 남자는 여자의 비위를 비교적 잘 맞춘다.
- 세모꼴의 눈은 고집이 강하다.
- 눈썹이 짙고 길게 자라 있는 남자는 정력도 뛰어나다.
- 눈썹이 옅고 듬성듬성한 사람은 발기력이 부족하다.

- 콧등이 반듯한 남자는 자존심이 강하다.
- 코끝이 뾰족한 남자는 여자를 다루는 능력이 뒤떨어진다.
- 콧방울이 큼직하게 두드러져 보이는 남자는 정력도 뛰어나고 건강하다. 또한 음낭도 크다.
- 콧방울이 거의 없는 것처럼 빈약한 남자는 음낭이 작고 자식운이 좋지 않다.
- 코끝이 둥글고 윤곽이 뚜렷한 사람은 귀두가 믿음직스럽다.
- 코가 옆으로 퍼진 형태(흑인처럼)인 남자는 폐활량이 좋아서 성교 시간이 길다.
- 콧등이 주저앉은 남자는 여자에게 아부떨기를 좋아한다.
- 콧등이 휘거나 꺾어진 남자는 여자를 다루는 일에 서투르다.
- 얼굴에 비해 코가 작아 보이는 남자는 자존심이 없다.
- 얼굴에 비해 코가 지나치게 큰 남자는 자기중심적이다.
- 손가락이 굵고 틈새가 없이 긴 남자는 뛰어난 물건의 소유자.
- 손가락의 모양은 남자의 성기와 비슷하다. 두툼한 손은 정력을, 굵은

손가락은 굵기를, 길이는 남성의 길이와 비례하며, 콧방울의 크기는 음낭의 크기와 비례한다. 발기력은 단단한 입 모양과 비례한다.

- 하체가 긴 남자는 남성도 길다.
- 하체가 짧고 상체가 두터운 남자는 남성도 굵고 짧다.
- 오리궁둥이는 체지방이 높다. 따라서 힘은 있지만 지속력이 부족한 편이다.
- 목의 굵기도 남성과 비례한다. 짧고 굵으면 남성도 짧고, 또한 가늘고 길면 남성도 가늘고 길며, 목젖이 눈에 띄지 않을 정도로 튀어나와 있지 않으면 발기력이 약하다.
- 가슴의 두께는 폐활량과 관계가 있고 지속력을 나타낸다. 단, 가슴의 근육을 제외한 실질적인 가슴만의 두께를 눈여겨 보아야 한다.
- 유두의 크기는 정력과 관계 있고 남성적인 매력과도 관계가 있다. 유두가 검고 클수록 남성적인 매력도 강하다.
- 허벅지가 탄탄하고 발이 큰 남자는 발기력이 좋다.
- 노인처럼 콜록거리며 재채기를 하는 남자는 보약을 먹어야 할 듯.

- 재채기를 할 때 깜짝 놀랄 정도로 크게 하는 사람은 사정할 때의 힘이 강하다.
- 이것저것 냄새를 잘 맡는 남자는 성적인 호기심이 풍부하다.
- 좋아하고 싫어하는 냄새의 구분이 뚜렷한 남자는 애인을 선택하는 데 까다롭다.
- 코를 킁킁거리는 남자는 발기불능에 빠지기 쉽다.
- 여자를 볼 때 유방부터 보는 남자는 안정된 생활을 좋아하고, 엉덩이부터 보는 남자는 동물적인 본능이 강하며 이기적, 다리부터 보는 남자는 멋을 좋아하며, 얼굴부터 보는 남자는 풋내기다.
- 누드사진집이나 포르노테이프에 지나치게 관심이 많은 남자는 여자친구가 있을 경우에는 성에 대한 호기심이 많은 타입, 여자친구가 없을 경우에는 성에 대한 자신감이 없다는 뜻이다.
- 코 밑을 자주 비비거나 코털을 뽑는 남자는 자극을 좋아한다.
- 한 번에 팔굽혀펴기를 50회 이상 할 수 있거나 윗몸일으키기를 30초 동안에 25회 이상 할 수 있는 남자는 정력이 뛰어나다.

- 목욕을 좋아하는 남자는 자신을 사랑하는 편이다.
- 거울을 자주 보는 남자는 예술적인 사랑을 한다.
- 음악보다는 영화를, 독서보다는 텔레비전을 더 좋아하는 남자는 시각적인 흥분도가 높다.
- 이마가 좁은 남자는 여자를 이해하는 면이 부족하다.
- 몸에 털이 많은 남자는 정력적이고 여자에게 약하다.
- 들창코는 허세가 강하고 정력이 약하다.
- 배가 많이 나온 남자는 지속력이 약하다.
- 마른 몸집의 남자는 파워가 부족하다.

7. 그이의 성적 이해도 체크

내 남자가 얼마나 성적으로 풍부한 이해력을 가지고 있는지 테스트해 보는 것이다. 그이에게 직접 체크해 달라고 하는 것도 좋고, 당신이 물어 보는 것도 괜찮은 방법. 남자의 성적 이해도는 매우 중요하다. 현재는 미숙한 남자라 해도 이해력만 풍부하다면 얼마든지 여자를 만족시켜 줄 수 있지만, 이해력이 부족한 경우에는 더 이상의 진전을 기대하기 어렵기 때문이다.

① 음식이 나오면 냄새부터 맡는 편이다.
② 친구 앞에서 팬티만 입고 다니는 경우가 많다.
③ 대중목욕탕에서 옷을 벗고 욕실로 들어갈 때 대담한 모습으로 자신

있게 들어간다.

④ 어떤 종류의 포르노테이프를 보더라도 전혀 거부감을 느끼지 않는 듯 보인다.

⑤ 항문성교나 페라치오도 성의 한 분야라고 생각한다.

⑥ 음악가는 다듬어지는 것이 아니라 본능적으로 타고나는 것이라고 생각한다.

⑦ 돈을 버는 이유는 쓰기 위해서라고 생각한다.

⑧ 남자 친구들과 어울릴 때 대화를 리드하는 편이다.

⑨ 자신의 알몸을 보면 여자가 생각난다.

⑩ 여자의 향수나 화장품 냄새를 맡으면 그녀의 벌거벗은 몸을 떠올린다.

⑪ 여자의 신체적 구조를 잘 알고 있다.

⑫ 담배를 피우는 여자를 보면 그 입술에 키스를 해 보고 싶은 충동을 느낀다.

⑬ 여자를 처음 만났을 때 그녀가 인상을 찡그리는 모습을 반드시 상상해 본다.

⑭ 자가용 안에는 반드시 콘돔이 비치되어 있다. 자가용이 없는 경우에는 여자친구의 생리일을 어떻게 해서든 알고 있다.

⑮ 프로야구 등의 스포츠를 보면 열광하는 편이다.

⑯ 맥주 10병보다는 독한 술 한 잔을 좋아하고, 육류보다는 생선이나 채소류를 좋아한다.

⑰ 전혀 여자에 대한 생각을 하지 않았는데도 자연스럽게 발기하는 경우가 하루에 5회 이상 있다.

⑱ 여자의 복장은 나름대로 매력이 있다고 생각한다.

⑲ 뚱뚱한 여자와 마른 여자의 차이는 자신의 손길에 달려 있다고 생각한다.

⑳ 어느 좌석에서나 잘 어울리는 편이다.

㉑ 백화점보다는 재래시장을 구경하는 것을 더 좋아한다.

㉒ 동물을 사랑하는 편이다.

㉓ 산보다는 해수욕장을 더 좋아한다.

㉔ 여자를 만나면 마음에 들지 않더라도 티를 내지 않고 좋은 인상을 남기려고 노력한다.

㉕ 두 여자가 함께 있을 때 못생긴 여자에게 먼저 말을 건다.

㉖ 여자가 눈물을 흘리는 것을 보면 곧장 침대로 데리고 가서 안아주고 싶어진다.

㉗ 화를 잘 내는 여자는 성감이 뛰어날 것이라고 생각한다.

㉘ 지압이나 맛사지, 안마 같은 손을 사용하는 의료적 방법을 한 가지 이상 알고 있다.

㉙ 말을 잘하고 발음이 정확한 편이다.

㉚ 화장실에서 좌변기에 소변이 튀면 화장지로 닦아 놓고 나온다.

· ● ·

체크하는 방법

〈Yes〉가 1-5인 경우

성적인 이해도가 매우 결여되어 있는 사람. 여자를 볼 때 표면적인 아름다움에만 신경을 쓰고 여자는 깨끗하고 환상적인 인간이라는 공상에 사로잡혀 있다. 인간도 동물적인 본능을 가지고 있다는 사실을 인식할

필요가 있다.

〈Yes〉가 6-10인 경우

성적인 지식을 갖추고 있지만, 그것을 수용할만한 충분한 마음의 여유가 없는 사람. 섹스는 단순히 성기만의 접촉이라고 생각하고 있다. 여자의 신체적 구조와 특성을 공부할 것.

〈Yes〉가 11-15인 경우

직접적인 행위에서 여자에게 만족을 안겨준 적은 있지만 페팅이나 애무같은 간접적인 행위로는 여자를 만족시켜 준 적이 없는 사람. 조금만 더 노력하면 좀 더 성숙된 사랑을 할 수 있다.

〈Yes〉가 16-20인 경우

상대에 따라 애무를 하는 방법이 달라지는 사람. 마음에 드는 여자가 아니면 추하다고 생각하거나 더럽다고 생각해서 동물적인 행위에 거부감을 느낀다. 그러나 여자는 마찬가지. 나름대로의 매력을 개발해 줄 수 있어야 진정한 플레이보이가 아닐까.

〈Yes〉가 21-25인 경우

한 여자를 여러 번 상대하면 싫증이 난다는 타입. 그래서 충분한 성적 이해도를 갖추고 있으면서도 가까이에 있는 여자보다는 멀리 떨어져 있는 여자에게 더 신경을 쓴다. 하지만 완벽한 음악가는 피아노를 바꾸는 것이 아니라 악보를 바꾸는 것이라는 사실을 염두에 둘 것.

〈Yes〉가 26-30인 경우

당신은 여자를 대하면 상대가 어떤 종류의 여자이든 나름대로의 분위기를 연출하는 타입. 변태적인 사랑의 행위도 환상적으로 이끌어 갈 수 있는 사람. 그러나 지나치게 여자의 만족감에 신경 쓰지는 말 것. 여자에게 발목이 잡힐까 두렵다.

　이상으로 남자의 성적 이해도를 체크해 보았다.
　당신의 그이는 어디에 해당할까. 부족한 점은 서로 메워가며 사는 것. 당신의 연출과 리드에 따라 그이의 성에 대한 이해도도 달라질 수 있다는 사실을 염두에 둘 것.

06
속궁합

나에게 어울리는 상대는?

일반적으로 사주를 기본으로 운명을 살펴보는 기법 가운데 〈궁합〉이라는 분야가 있다. 부부가 인생을 살아가는데 얼마나 잘 어울리느냐를 알아 보는 분야다.

겉으로 보기에는 잘 어울리는 부부가 웬지 싸움을 자주하고 각방을 쓰는 등 이해하지 못할 불화가 일어나는 경우도 있고, 기본적인 궁합으로는 서로에게 가장 잘 맞는 상대인데도 집안의 분위기가 흐린 경우도 있는데 이것은 의식주 만으로는 부부에게 필요한 모든 것을 만족시켜 줄 수 없기 때문이다.

속궁합이란 사주안에 구성되어 있는 여러가지 요소들을 종합해서 판단하는 까다로운 분야지만 여기에서는 그런 복잡한 구성원칙을 설명하고 해설하는 일은 제쳐두고 단지 우리가 쉽게 판단할수 있는 성적인 부분과 성격부분의 단순한 이해도만 다루어 독자들이 쉽게 받아들일 수 있도록 80가지의 예를 들어 꾸며 보았다.

1. 길상(吉相)

1) 지나치게 코가 큰 남자에게는 유방이 큰 여자가 어울린다.
  -코는 자존심, 유방은 넓은 마음을 뜻하기 때문에 남자의 자존심을 마음이 넓은 여자가 감싸 줄 수 있다.

2) 얼굴에 비해 코가 작은 남자에게는 서글서글한 눈매에 입이 작은 여자가 어울린다.
  -코가 작다는 것은 사소한 일에 신경을 쓰는 성격, 눈매가 서글서글하면 대범하고 입이 작으면 말이 많아서 남자의 잔소리를 대화로 풀

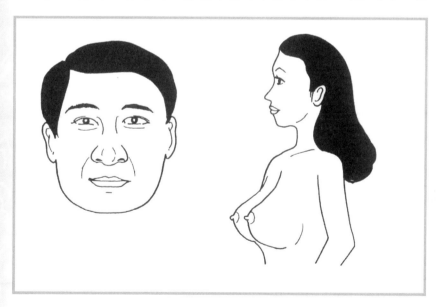

어나가는 능력이 있기 때문.

3) 곱슬머리인 남자에게는 콧방울이 도톰한 여자나 숱이 많은 부드러운
   머리카락을 가진 여자가 어울린다.
   –곱슬머리는 여자를 다루는 것이 보수적이고 리드를 잘한다. 그러
   나 운은 좋지 않은 편. 콧방울이 도톰한 여자는 중년운이 좋아서 그
   것을 메워 줄 수 있고 머리카락이 부드러운 여자는 여성적이어서 남
   자의 리드에 순응하기 때문.

4) 억센 머리카락의 남자에게는 입이 큰 여자가 어울린다.
   –머리카락이 억센 남자는 남성적이고 입이 큰 여자는 자궁의 발달
   이 좋다. 입이 작은 여자는 남자에게 불만을 안겨 줄 수 있기 때문에
   전체적으로 윤곽이 큰 여자가 어울린다는 뜻.

5) 대머리에게는 주걱턱의 여자가 어울린다.
   –대머리는 부를 축적하는 능력이 뛰어나고 주걱턱을 가진 여자는

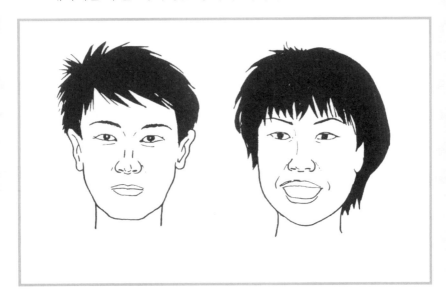

재산 관리에 능숙하기 때문.

6) 이마가 넓은 남자에게는 콧날이 반듯한 여자가 어울린다.
 ─이마가 넓다는 것은 이해심이 풍부하다는 증거. 콧날이 휘거나 주
 저앉아 있으면 남편을 탓하는 일만 생긴다. 콧날이 반듯한 여자는
 이해할 수 있는 일과 그렇지 않은 일을 정확하게 구별할 수 있는 능
 력을 가지고 있기 때문.

7) 이마가 좁은 남자에게는 입이 큰 여자가 어울린다.
 ─이마가 좁다는 것은 마음이 좁다는 뜻. 입이 큰 여자는 마음이 넓
 다. 입이 작은 여자를 만나게 되면 자주 싸우게 되기 때문.

8) 눈썹이 짙고 굵은 남자에게는 얼굴의 윤곽이 부드럽고 눈가에 미소를
 잃지 않는 여자가 어울린다.
 ─눈썹이 짙다는 것은 자존심의 상징. 그런 남자의 기를 살려주기 위
 해서는 부드러운 마음으로 받쳐 주어야 하기 때문.

9) 눈썹이 짧은 남자에게는 입이 뾰족이 튀어 나온 여자가 어울린다.

  –눈썹이 짧다는 것은 형제나 친척과의 인연이 좋지 않다는 뜻. 쥐처럼 입이 뾰족이 튀어나온 여자는 어차피 시댁과의 인연이 없다. 둘만이 열심히 살아갈 수 있기 때문.

10) 눈동자에 힘이 넘치는 남자에게는 콧방울이 두툼한 여자나 입술이 두꺼운 여자가 어울린다.

  –눈동자에 힘이 넘친다는 것은 정력적이라는 뜻. 그것을 소화해 내려면 역시 성적으로 기초가 탄탄한 여자가 어울린다. 콧방울이 두툼한 여자는 여성의 상징인 유방의 발육이 좋고, 이것은 충분한 포용력을 의미하며 입술이 두꺼운 여자는 튼튼한 자궁을 의미하기 때문.

11) 눈동자에 힘이 없는 남자에게는 입술이 얇고 입이 작은 여자가 어울린다.

  –정력적으로 약한 남자에게는 육체적인 면보다 정신적인 면으로 서로를 충족시켜 줄 수 있는 여자라야 다툼이 일지 않기 때문.

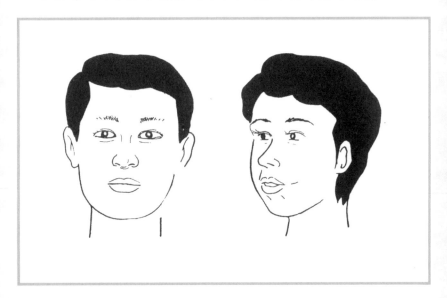

12) 코에 살집이 없고 **뼈대**만 앙상한 남자에게는 볼에 살이 많은 여자가 어울린다.

−코에 살집이 없다는 것은 마른 체격을 상징. 볼에 살이 많다는 것은 부드럽고 풍만한 육체를 상징. 서로를 포용해 줄 수 있기 때문.

13) 주먹코 남자에게는 키 큰 여자가 어울린다.

−주먹코는 남성적이다. 키는 여성의 질의 길이와 거의 비례한다. 즉, 서로기 만족할 수 있기 때문.

14) 코가 긴 남자에게는 마찬가지로 코가 긴 여자가 어울린다.

−코의 길이도 키와 비례한다. 키 차이가 너무 클 경우, 겉궁합은 물론 속궁합도 좋다고 볼 수 없기 때문.

15) 콧방울이 두툼한 남자에게는 입술이 도톰한 여자가 어울린다.

−콧방울은 남자의 음낭을 상징하고 입술은 여자의 포용력과 자궁을 상징한다. 여자의 몸이 건강해야 남자의 씨를 잃지 않기 때문.

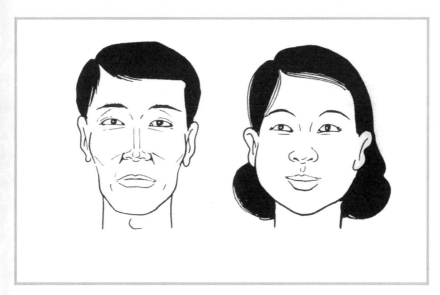

16) 콧등이 눌린 듯이 주저앉은 남자에게는 눈이 날카로운 여자가 어울린다.
－콧등이 주저앉았다는 건 자존심이 없고 두뇌회전이 느리다는 뜻. 눈이 날카로운 여자는 그런 남자의 헛점을 커버해 줄 수 있기 때문.

17) 콧구멍이 큰 남자에게는 입이 크고 튀어나온 여자가 어울린다.
－콧구멍은 폐활량, 즉 정력의 상징. 입의 크기는 정신보다는 육체의 성숙도를 의미. 남자의 정력을 충분히 소화해 낼 수 있기 때문. 이런 남자가 입이 작은 여자와 살게 되면 반드시 바람을 피운다.

18) 입이 작은 남자에게는 반대로 입이 큰 여자가 어울린다.
－입의 크기는 이해심과 관련이 있다. 여자인 경우에는 입이 크면 다산의 상. 입이 작으면 소심한 성격이라 집에서 말이 많은 편이다. 그것을 받아 주고 감싸 주기 위해서는 이해심이 많아야 하는 것은 당연한 일.

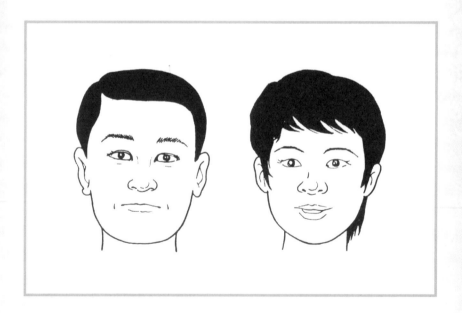

19) 입이 큰 남자에게는 목이 가는 여자가 어울린다.

  −입의 크기는 식사량과 건강을 뜻하고 목이 가늘다는 것은 미식가
  라는 뜻이기 때문.

20) 윗입술이 말려 올라간 남자에게는 입이 큰 여자가, 콧방울이 큰 여
  자, 또는 눈이 큰 여자가 어울린다.

  −윗입술이 말려 올라갔다는 것은 신경질적인 성격을 의미하기 때문
  에 마음이 넓은 여자라야 어울린다는 뜻.

21) 옆에서 보았을 때 코가 튀어나와 보이지 않고 거의 벼랑처럼 편평해
  보이는 남자에게는 둥근 얼굴에 애교스런 여자가 어울린다.

  −이런 남자는 주관이 뚜렷하지 않고 허풍과 허세가 심하다. 그의 마
  음을 잡아주기 위해서는 여성적인 애교가 필요하기 때문.

22) 콧날이 반듯하고 콧방울이 두툼한 남자에게는 어떤 여자나 잘 어울
  린다.

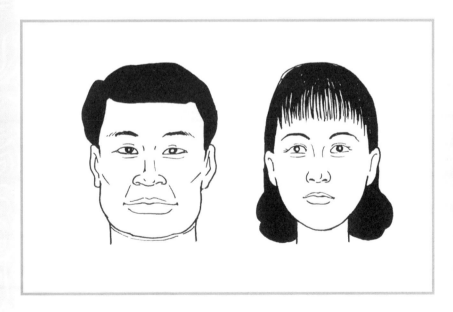

23) **뺨**에 늘 홍조를 띠고 있는 여자에게는 미남이 어울린다.
   −뺨이 붉다는 것은 혈액순환이 좋다는 뜻. 심미안이 높아서 남자의
   겉 모습도 중요시하는 타입이기 때문.

24) 곱슬머리와 옥니가 만나면 집안이 조용할 날이 없다.

25) 곱슬머리, 옥니, 이마가 좁은 사람, 광대뼈가 튀어나온 사람, 삼백안
   (三白眼), 윗입술이 말려 올라간 사람 등은 그와 반대의 인상을 가진
   사람이 어울린다.

26) 유방이 거의 없는 여자에게는 털이 많은 남자가 어울린다.
   −여자의 유방은 이해심의 크기를 그대로 표현한다고 할 수 있다. 유
   방이 거의 없는 절벽가슴은 신경질적이고 충동적이기 때문에 마음
   이 넓은 털이 많은 남자와 어울린다는 뜻.

27) 목이 가는 여자에게는 가슴이 넓고 두터운 남자가 어울린다.

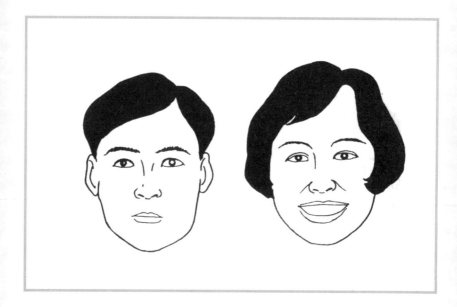

28) 유두가 작은 여자에게는 핸섬한 남자가 어울린다.
   –양쪽 다 성적인 면에서 깨끗한 것을 좋아하기 때문에.

29) 유두가 힘이 없는 여자에게는 주먹코의 남자가 어울린다.
   –양쪽 다 성적인 면에서 지나치게 밝히기 때문이다.

30) 배꼽 위까지 음모가 나 있는 남자에게는 어떤 여자나 잘 어울린다.

31) 곱슬머리의 남자에게는 부드러운 머리카락을 가진 여자가 어울린다.
   –곱슬머리는 섬세하고 거친 양면적 성격을 가지고 있으며 부드러운
   머리카락은 여성적인 성격의 소유자이기 때문.

32) 쌍꺼풀이 없는 남자에게는 쌍꺼풀이 있는 여자가 어울린다.

33) 키가 작고 체격이 큰 남자에게는 키 큰 여자가 어울린다.

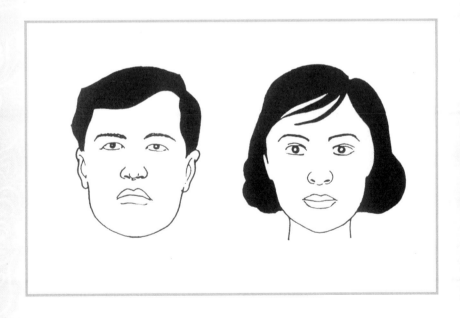

34) 쌍꺼풀이 있는 남녀끼리 살면 생활보다는 애정에 더 열을 올린다.

35) 입이 큰 여자는 어떤 남자에게나 어울린다.

36) 윗입술이 튀어나온 사람은 주걱턱이나 옥니를 만나야 재산을 모을 수 있다.

37) 인중에 점이 있는 여자는 이마가 넓거나 코의 살집이 두툼한 남자와 살아야 행복할 수 있다.

38) 인중에 수염이 그득한 남자는 어떤 여자와도 잘 어울린다.

39) 가슴에 털이 있는 남자는 모든 면에서 큰 것보다는 작은 여자와 살아야 재산을 모을 수 있다.

40) 팔다리에 솜털이 많은 여자는 코가 크거나 대머리를 만나면 행복해

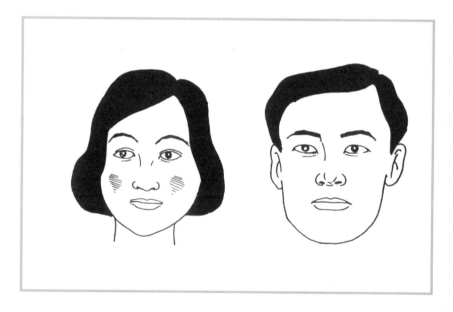

진다.

41) 귀의 혈색이 좋은 사람은 배우자를 고를 때 건강부터 확인하는 것이 좋다.
   -귀의 혈색이 좋다는 것은 건강을 상징하므로 배우자 또한 건강해야 행복을 마음껏 누릴 수 있기 때문.

42) 목이 굵은 남자에게는 목이 가늘고 긴 여자가 잘 어울린다.

43) 유방이 지나치게 큰 여자에게는 코가 크거나 가슴이 두껍거나 목이 굵은 남자가 어울린다.

44) 유방이 거의 없는 여자에게는 입이 큰 남자가 어울린다.

45) 유두가 소녀처럼 작은 여성에게는 핸섬한 남자가 어울린다.

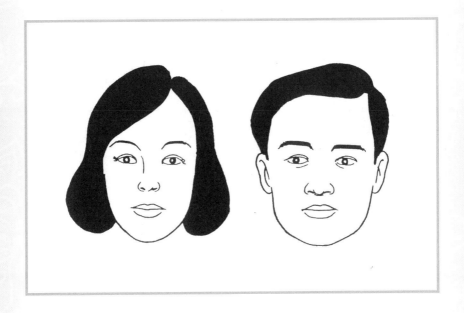

46) 둔부가 잘 발달된 여자에게는 강한 남자가 어울린다.

47) 둔부의 살집이 거의 없는 여자에게는 뚱뚱한 체격의 남자가 어울린다.

48) 계란형의 음모를 가진(음모학 참조) 여자에게는 음모가 풍성한 남자가 어울린다.

49) 배꼽 위까지 음모가 나 있는 여자에게는 음모의 숱이 적은 남자가 어울린다.

50) 음모가 없는 여자에게는 음모가 풍성한 남자가 어울린다.

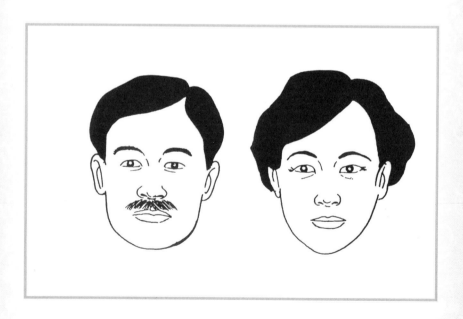

2. 흉상(凶相)

1) 억센 머리카락의 남녀끼리 살면 집안에 분쟁이 많다.

2) 쌍꺼풀이 없는 남녀끼리 살면 집안에 온화한 기운이 적다.

3) 음모가 풍성한 남녀끼리 살면 끼니 걱정은 하지 않고 섹스에만 열을 올린다.

4) 대머리끼리 살면 자식운이 좋지 않다.

5) 코가 큰 남녀끼리 살면 집안이 불결하다.

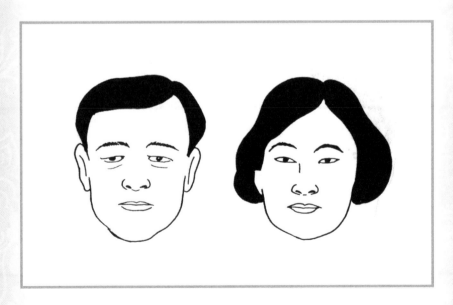

6) 곱슬머리끼리 살면 분쟁이 많다.

7) 입이 눌린 듯 납작하면서 가로로 길게 찢어진 사람끼리 살면 욕심과 시기심이 심해서 빚더미에 앉는다.

8) 음모가 거의 없는 사람끼리 살면 애정생활에 적신호가 온다.

9) 코끝이 뾰쪽한 사람끼리 살면 반드시 이혼한다.

10) 뚱뚱한 체격의 남녀가 결혼하면 집안이 지저분하다.

11) 유방이 거의 없는 여자와 음모가 적은 남녀가 함께 살면 신경질적인 성격 때문에 집안이 시끄럽다.

12) 관골(광대뼈)이 튀어나온 사람끼리 살면 주위 사람들의 지탄의 대상

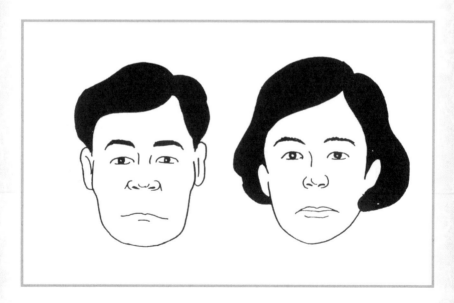

이 된다.

13) 입술이 두툼한 남녀끼리 살면 인정은 많지만 재산을 모으기 어렵다.

14) 주걱턱끼리 살면 지나치게 이기적인 집안이 된다.

15) 입술에 점이 있는 여자와 코에 점이 있는 남자가 만나면 섹스에만
    열을 올리고 자식운이 좋지 않다.

16) 수염이 적은 남자와 유두가 작은 여자가 만나면 자식운이 없다.

17) 눈과 눈 사이의 폭이 넓은 여자와 눈이 삼각형인 남자가 살면 반드
    시 어느 한쪽이 바람을 피운다.

18) 턱이 짧은 남녀끼리 살면 재산을 모으기 어렵다.

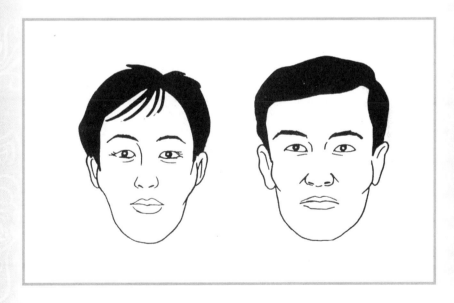

19) 입이 튀어 나온 남녀끼리 살면 집안에 지혜가 부족하다.

20) 마치 쥐처럼 입이 뾰족하게 튀어나온 남녀끼리 살면 경솔하게 말을 하는 탓에 늘 구설수에 오른다.

21) 옥니끼리 살면 집안 분위기가 싸늘하다.

22) 어깨가 넓은 남자와 어깨가 솟아 오른 여자가 만나면 관공서 출입이 잦아진다.

23) 눈썹 주위에 점이 있는 남녀끼리 살면 시댁과 친정이 앙숙이 된다.

24) 이마가 벗겨진 여자와 콧날이 오똑한 남자가 만나면 여자가 돈을 벌어야 한다.

25) 들창코인 여자와 엉덩이가 큰 남자가 만나면 여자가 집안을 리드하며 재산을 모으기 어렵다.

26) 이마가 좁은 남녀끼리 살면 집안에 거짓이 많다.

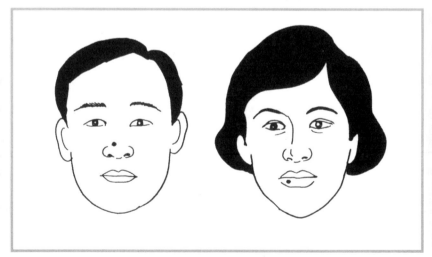

27) 코가 작은 남녀끼리 살면 재산을 모으기 어렵다.

28) 눈꼬리가 올라간 여자와 이마가 좁은 남자가 만나면 분쟁이 끊이지 않는다.

29) 유두함몰인 여자와 엉덩이에 살집이 거의 없는 남자가 만나면 자식 운이 없다.

30) 입이 뾰족하게 튀어나온 여자와 콧등이 눌러앉은 남자가 만나면 구 설수에 자주 휘말린다.

이상으로 속궁합의 기본적인 예를 들어 보았다. 물론 단편적인 내용이기 때문에 깊이는 없지만, 이런 내용들을 기본 바탕으로 삼아 하나하나 조합해 보면 자기에게 어떤 배우자가 어울리는지 비교평가는 할 수 있을 것이다. 독자 여러분들의 궁금증에 조금이나마 도움이 되기를 바란다.

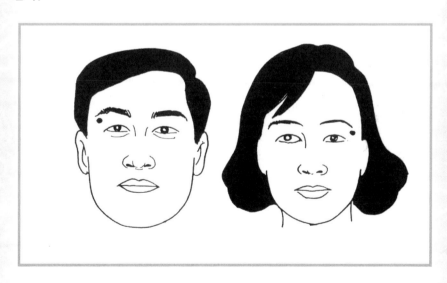

마치고 나서

동양철학을, 한 분야만을 내세워 감정(鑑定)의 지표로 삼는다는 것은 매우 위험스런 일이다. 사주를 기본으로 모든 종합적 자료와 함께 판단을 해야 보다 정확하고 논리정연한 감정이 되겠지만 일단 독자 여러분의 이해를 돕기 위해 〈인상학〉만으로 성의껏 꾸며 보았다. 또 이해하기 어려운 감정분야만을 다루기에는 내용이 너무 딱딱한 듯해서 심리학과 독심술을 응용한 〈성격판단법〉도 나름대로 구성해 보았다. 한편으로는 조잡한 느낌이 들 수도 있겠지만, 그 하나하나의 내용이 모두 《동양역리학》이라는 학문에 근거를 두고 성립되었다는 점을 감안해서 즐거운 마음으로 읽어 주셨다면 진심으로 감사의 말씀을 드리고 싶다.

독자 여러분이 이어서 속간될 《수상》과 《가상(家相)》, 《사주추명학》, 《역학》 등의 서적도 함께 탐독해서 대인 관계에서의 판단자료로 활용한다면 나로서는 더 이상의 보람은 없을 것이다. 부디 기초적으로 다룬 동양역리학의 여러 분야를 접하는 것으로 전체적인 이해도를 높여 점술이 아닌 인생철학, 처세학의 자료로 이용해 주시기를 부탁드린다.

끝으로 부족하기 이를 데 없는 졸작임에도 불구하고 출간을 할 수 있도록 물심양면으로 뒷받침을 해주신 〈창작시대사〉의 사장님과 관계자들께 지면을 통해 진심으로 감사의 말씀을 드린다.

이정환

얼굴을 보고 사람을 아는 법

1판 1쇄 발행 2013년 7월 15일
1판16쇄 발행 2019년 7월 15일
2판 1쇄 발행 2020년 6월 10일 (개정판)

지은이 이정환
펴낸이 이태선
펴낸곳 창작시대사

주소 경기 고양시 덕양구 행주로83번길 51-11 (행주내동)
전화 031-978-5355 **팩스** 031-973-5385
이메일 changzak@naver.com
등록번호 제2-1150호 (1991년 4월 9일)

ISBN 978-89-7447-228-3 03180
값은 뒤표지에 있습니다.